DÉBORA GAROFALO

JOVENS HACKERS

Programando o futuro

ENSINO MÉDIO

Dados Internacionais de Catalogação na Publicação (CIP) de acordo com ISBD

G237j   Garofalo, Débora.
        Jovens hackers: Programando o futuro / Débora Garofalo ; ilustrado por Simone Ziasch ; Shutterstock. - Jandira, SP : Ciranda Cultural, 2024.
        96 p. : il.; 20,10cm x 26,80cm. - (Universo maker).

        ISBN: 978-65-261-1302-8

        1. Educação. 2. Apoio escolar. 3. Tecnologia. 4. Programação. 5. Robô. 6. Sistema. I. Título. II. Ziasch, Simone. III. Shutterstock. IV. Série.

2024-1841
        CDD 372.2
        CDU 372.4

Elaborada por Lucio Feitosa - CRB-8/8803

Índice para catálogo sistemático:
1. Educação 372.2
2. Educação 372.4

© 2024 Ciranda Cultural Editora e Distribuidora Ltda.
Texto © Débora Garofalo
Colaboradores: Rosângela de Oliveira Pinto e Bernardo Soares
Ilustrações: Simone Ziasch e Woodhouse/Shutterstock.com; Foxelle Art/Shutterstock.com
Capa: Simone Ziasch
Editora: Elisângela da Silva
Preparação de texto: Adriane Gozzo
Revisão: Fernanda R. Braga Simon e Karina Barbosa dos Santos
Projeto gráfico e diagramação: Ana Dobón
Produção: Ciranda Cultural

Os créditos de todas as imagens desta obra pertencem aos produtores e criadores dos respectivos personagens e capas de quadrinhos e/ou livros. As imagens utilizadas neste livro são apenas para fins de divulgação. Todos os direitos reservados.

1ª Edição em 2024
www.cirandacultural.com.br
Todos os direitos reservados. Nenhuma parte desta publicação pode ser reproduzida, arquivada em sistema de busca ou transmitida por qualquer meio, seja ele eletrônico, fotocópia, gravação ou outros, sem prévia autorização do detentor dos direitos, e não pode circular encadernada ou encapada de maneira distinta daquela em que foi publicada, ou sem que as mesmas condições sejam impostas aos compradores subsequentes.

SUMÁRIO

Apresentação 5

Iniciando a jornada 7

    Cultura maker 7

    Programação 7

    Robótica 8

Projeto de vida 10

    Vamos jogar? 11

Trilha de aprendizagem e autoconhecimento 13

    Programação desplugada 16

    xDrip+ 24

    Scratch 25

    Tinkercad 39

    Arduino 56

    Internet das Coisas, casa e cidade inteligentes e o mundo do trabalho ... 60

    Programação 67

    A robótica e suas possibilidades 72

Fim da nossa missão 92

Referências 94

APONTE A CÂMERA DO CELULAR PARA
O QR CODE E ACESSE O CONTEÚDO
EXTRA DA COLEÇÃO.

APRESENTAÇÃO

Seja bem-vindo! Temos um convite especial a você. Que tal programarmos o futuro juntos? Faremos uma jornada incrível pelo mundo do trabalho, com atividades desplugadas e plugadas, para as quais usaremos a programação e a robótica. Você será um hacker, não no sentido de invadir sistemas, mas, sim, de desvendá-los, sendo curioso e conhecendo sistemas de programação, até para aperfeiçoá-los, contribuindo com a sociedade e seu conhecimento de mundo. Porém, antes de iniciarmos, vamos conhecer dois amigos que contribuirão com a nossa trajetória?

Olá! Tudo bem com você?
Somos Francisco e Marina, mas pode nos chamar de Chico e Nina.
Estamos cursando o Ensino Médio e iniciando os desafios do mundo do trabalho, de decisões sobre o futuro. Você está vivendo momentos semelhantes ao nosso?
Vamos juntos neste desafio?

Chico Mendes

Os nomes Francisco e Marina não foram escolhidos ao acaso, viu? Eles são uma homenagem a duas pessoas muito importantes para o meio ambiente e o Brasil, que também serão tema deste volume.

Francisco, ou Chico, é uma homenagem a Chico Mendes, ambientalista, seringueiro, sindicalista famoso mundialmente pela sua luta em favor da preservação da Amazônia, morto em 1988. No QR Code abaixo, você conhece um pouquinho mais da história desse personagem tão importante para as nossas florestas.

Fonte: Por Miranda Smith, Miranda Productions, Inc. – Chico Mendes 1988.png, CC BY-SA 3.0, https://commons.wikimedia.org/w/index.php?curid=75243449

Fonte: arquivo pessoal

Ministra Marina Silva

Já Marina, ou Nina, é uma homenagem a Marina Silva, historiadora, professora, ambientalista e política brasileira, ministra do Meio Ambiente de 2003 a 2008 e ministra do Meio Ambiente e da Mudança do Clima a partir de 2023, listada pela revista Nature, em 2023, como uma das dez pessoas mais influentes para a ciência no mundo, reconhecida como "protetora da Amazônia". No QR Code abaixo, você conhece um pouco mais da história dessa personagem tão importante para o meio ambiente e o Brasil.

Agora que conheceu o Chico e a Nina, vamos ver o que você encontrará neste livro?

Você terá a oportunidade de desenvolver e pôr em prática habilidades e competências que contribuirão para suas escolhas e decisões relacionadas a seus projetos pessoais e profissionais e de impacto no futuro. Nosso percurso acontecerá por meio de atividades ancoradas em alguns pilares: a cultura maker, a robótica com sucata e a programação desplugada e plugada.

> **Teremos muitas atividades "mão na massa" que farão uso, a todo momento, de materiais recicláveis e componentes eletrônicos; caso não encontre alguns dos materiais, você poderá fazer adaptações e modificações, de acordo com o projeto. Esteja aberto para usar a criatividade!**

E nossos amigos, Chico e Nina, nos darão o suporte necessário para nossa aventura.

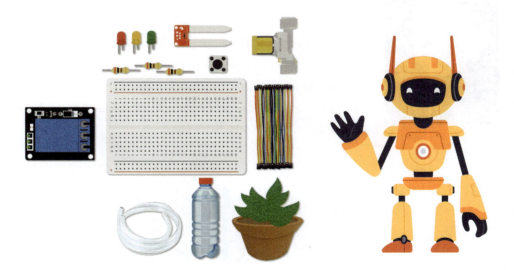

6

INICIANDO A JORNADA

Vamos iniciar nossa aventura compreendendo os conceitos e os pilares em que nossas atividades estão ancoradas e dos quais, possivelmente, você já ouviu falar.

CULTURA MAKER

A cultura maker tem origem no movimento *Do It Yourself*, que em português significa "Faça você mesmo". Esse termo não é recente e, nas décadas de 1950 e 1960, foi amplamente disseminado nos Estados Unidos, na época da recessão, com a perspectiva de construir, consertar e inventar coisas utilizando as próprias mãos.

A partir dos anos 2000, o conceito ganhou vários espaços, inclusive no Brasil, chegando até a educação. Isso significa desenvolver e aprender habilidades de diversas áreas, tanto de exatas e humanas quanto de biológicas, por meio da descoberta, da experiência, da mão na massa e da criatividade.

A cultura maker considera que qualquer pessoa pode consertar, modificar, criar, produzir e ressignificar objetos usando as mãos e a criatividade (GAROFALO, 2021).

O movimento maker oferece possibilidades para o trabalho com programação desplugada e até robótica.

PROGRAMAÇÃO

Programação é um conjunto de pensamentos, regras e instruções (algoritmos) que permitem a comunicação com as máquinas e o seu funcionamento. Essa comunicação acontece por meio da linguagem de programação para gerar programas (softwares) que serão processados por um computador, um dispositivo móvel ou outro equipamento. Por exemplo: um aplicativo (app) que roda em seu celular é um tipo de software criado por linguagem de programação.

No entanto, a linguagem dos códigos não se restringe aos computadores. Muitas atividades desplugadas partem da lógica de programação e contribuem para o desenvolvimento do raciocínio lógico e matemático, a criatividade e a capacidade de resolução de problemas. Há estudiosos que consideram a programação uma nova linguagem, como o inglês ou o espanhol.

Utilizar a programação permite o desenvolvimento do pensamento computacional.

> Os letrados em linguagens de programação diversas são capazes de criar e se expressar melhor no mundo digital, ou seja, desenvolver o pensamento computacional por meio de práticas de programação de computadores (Sociedade Brasileira de Computação – SBC).

O pensamento computacional está ancorado em quatro pilares:

⚙ **DECOMPOSIÇÃO**: é a fragmentação de um problema, deixando-o mais simples à medida que passa a ser resolvido, por etapas, até a resolução completa.

⚙ **ABSTRAÇÃO**: é estabelecer os critérios relevantes de um problema para chegar à sua resolução; é focar no que é relevante.

⚙ **RECONHECIMENTO DE PADRÕES**: é a identificação de padrões que se repetem em um problema e podem ser utilizados em outras análises e resoluções.

⚙ **ALGORITMOS**: são regras construídas no processo de resolução de um problema.

E é por meio da linguagem de programação que chegamos à robótica.

ROBÓTICA

A robótica é uma área da tecnologia que engloba sistemas mecânicos e processos automatizados; é uma ciência que caminha pela computação, pela eletrônica e pela mecânica.

A robótica prevê a construção de robôs. A construção de um robô, tenha ele qualquer aparência, envolve a parte mecânica, motores, sensores, controladores e fontes de energia.

E quem pensa que a robótica está restrita a algumas áreas do conhecimento está enganado. Com mais frequência, ela passa pelo estudo e uso de diversas áreas do conhecimento. Estamos cada vez mais envolvidos com a robótica, mesmo quando não percebemos.

Por exemplo:

Na vida doméstica, já existe o robô aspirador, que, com alguns comandos, executa sozinho a tarefa de tirar o pó do chão, entre outras funcionalidades.

Na agricultura, os drones (robôs) têm sido cada vez mais utilizados no monitoramento de grandes áreas de lavouras; aplicando insumos nas plantações de maneira mais precisa e gerando economia; guiando a boiada (sim, eles já são capazes de tocar a boiada de modo autônomo), entre outras funções.

Na astronomia, há os robôs espaciais.

Na medicina, temos robôs que auxiliam em cirurgias, de maneira mais precisa. No Brasil, os robôs já fazem parte da rotina cirúrgica dos principais hospitais. A modalidade é usada em cirurgias urológicas, oncológicas, ginecológicas e gerais. Há, inclusive, a Sociedade Brasileira de Cirurgia Minimamente Invasiva e Robótica (Sobracil).

No entanto, o trabalho com robótica não se restringe ao uso de computadores e máquinas. A professora Débora Garofalo deu início a um projeto utilizando sucata para a construção de robôs, provando que é possível trabalhar com a robótica com sucata e materiais de baixo custo. Essa iniciativa contribui com a responsabilidade social e o pensamento científico e tem relação com o projeto de vida e o impacto na sociedade.

É fundamental destacar que o projeto de robótica da professora Garofalo teve desdobramentos muito importantes e acabou se transformando em política pública.

Tudo começou na Escola Estadual Almirante Ary Parreiras, na zona sul da cidade de São Paulo. A professora Garofalo, ao assumir as aulas de tecnologia, buscou ressignificar esses momentos e torná-los significativos, atrelando-os ao cotidiano dos estudantes e da comunidade, e o lixo era um dos problemas que se destacavam de maneira negativa.

Com a cultura maker e a robótica com sucatas, a professora Garofalo conseguiu mobilizar e engajar a todos na resolução do problema comum (o lixo), abarcando os pilares essenciais à educação, como sustentabilidade, criatividade, colaboração, empatia e resolução de questões sociais. Além disso, o projeto gerou resultados muito importantes, como diminuição da evasão escolar, melhoria no Índice de Desenvolvimento da Educação Básica (Ideb), retirada de mais de uma tonelada de lixo da comunidade e melhoria da autoestima dos estudantes.

Com esse projeto, a professora Débora Garofalo ficou entre os dez finalistas do Global Teacher Prize, considerado o Nobel em Educação, e foi a primeira mulher latino-americana na indicação ao prêmio. Aponte a câmera do celular para o QR Code e assista ao vídeo *Tackling waste with robots*, do Global Teacher Prize, no qual a professora Débora Garofalo mostra como conseguiu mudar a realidade e a mentalidade dos alunos da Escola Almirante Ary Parreiras, em São Paulo.

Foram muitas conquistas pessoais, não é mesmo?! Mas a principal delas foi para a educação brasileira. A robótica com sucata tornou-se uma metodologia de ensino e inspiração para políticas públicas, como o Expo Movimento Inova, o Centro de Inovação da Educação Básica Paulista (CIEBP), Ginásio Educacional Tecnológico (GET) no RJ, entre outros.

PROJETO DE VIDA

Agora que vimos alguns conceitos importantes, queremos saber: você já ouviu falar em projeto de vida? Sabe de que estamos falando?

Quando falamos em projeto de vida, estamos nos referindo a **projetar** a vida, ou seja, pretender, esboçar, idealizar, imaginar, planejar, aspirar, desejar, entre outras coisas.

E você sabe para que serve o exercício de planejar e projetar?

Estudos mostram que muitos jovens têm objetivos profissionais, porém um número considerável deles não consegue alcançá-los.

SAIBA MAIS

William Damon (1944-) é psicólogo norte-americano, pesquisador da Universidade Stanford e estudioso do desenvolvimento humano. Na obra *O que o jovem quer da vida?*, ele apresenta resultados e discussões de pesquisas, chamando a atenção para o fato de muitos jovens, mesmo que aparentemente prósperos, ou seja, que cumprem as atribuições impostas pela sociedade, estão, na realidade, sem rumo, não tendo encontrado ainda algum propósito ao qual dedicar a vida. Além disso, Damon apresenta o conceito de "projeto vital", como a intenção de alcançar algo significativo, o propósito de vida.

Por essa razão, o projeto é chamado "de vida", porque não se refere somente a questões profissionais, mas também a questões pessoais e sociais.

O projeto de vida tem o poder de levar o jovem a realizar reflexões importantes, construir um planejamento e estabelecer estratégias e metas para alcançar seus objetivos e suas realizações. Assim, quem desejamos ser como pessoas, em qual sociedade e comunidade queremos viver e como vamos nos realizar envolvem três aspectos da vida: profissional, pessoal e social.

Para iniciar um projeto de vida, é necessário se dedicar ao processo de autoconhecimento.

SAIBA MAIS

Autoconhecimento é o exercício de compreender a si mesmo. Passa, por exemplo, por reconhecer as próprias características, valores, interesses, potencialidades, limitações, modos de agir e de tomar decisões. Quando nos conhecemos melhor, é mais fácil entendermos nossos desejos e posicionamentos, estabelecer metas e nos reconhecermos como seres únicos.

Fonte: https://pt.smiletemplates.com/

VAMOS JOGAR?

Agora que conhecemos o conceito de projeto de vida, convidamos você a testar seu autoconhecimento. O jogo a seguir é gamificado, de recurso aberto, com perguntas bem bacanas para reflexão. Aponte a câmera do celular para o QR Code para acessar o *Jogo de autoconhecimento*.

MOMENTO REFLEXÃO

Gostou do jogo? As perguntas promoveram reflexões para seu autoconhecimento? O que você descobriu sobre si mesmo que impacta a construção do seu projeto de vida?

Você sabe o que gosta de fazer? Que caminhos deseja trilhar? Já testou seus conhecimentos e suas habilidades para entender seus potenciais e suas fragilidades?

O autoconhecimento passa por essa análise. Como já foi dito, quando me conheço melhor, *tenho condições de compreender o que quero e aonde quero chegar*. Ou seja, qual é meu ponto de partida, aonde quero chegar e, portanto, *de que preciso para alcançar os objetivos*.

O autoconhecimento proporciona a construção de um projeto de vida mais assertivo, para uma vida integral e sustentável. Assim, compreender o presente e seu contexto é fundamental para planejar o futuro.

Em qual contexto você vive? Quais são seus desafios? O que faz você feliz? Em qual contexto deseja estar no futuro? O que é necessário para construir esse futuro?

Oportunidades desiguais são reais e precisam ser levadas em consideração. Contudo, lembre-se de que o autoconhecimento e a conscientização do entorno são ferramentas poderosas para a mobilização de recursos e ações que poderão levar você a realizar seus desejos e a fazer as melhores escolhas. Assim, seu projeto de vida deve ser construído levando-se em conta as estratégias para viabilizar e concretizar as metas e os objetivos traçados. É um projeto que deve ter planejamento e ações.

É essencial construir um repertório de experiências e vivências que darão embasamento às suas escolhas; conhecer as inúmeras possibilidades que as diferentes áreas do conhecimento oferecem e estar aberto a elas; experimentar, investigar, testar e desenvolver.

Para ajudá-lo nesse processo, convidamos você a iniciar uma trilha de experimentações que promoverá seu autoconhecimento e desenvolvimento.

E nós, Chico e Nina, vamos ajudá-lo nessa aventura! Por meio dos nossos pilares — cultura maker, robótica e programação —, vamos percorrer várias áreas do conhecimento, testando e desenvolvendo habilidades e competências para o mundo do trabalho e possibilitando o autoconhecimento.
Vamos juntos?

TRILHA DE APRENDIZAGEM E AUTOCONHECIMENTO

Todos preparados? O Chico e a Nina estão!

Seguiremos uma trilha gamificada e, a cada etapa, teremos um desafio de robótica e/ou programação para fazer, sempre "mão na massa". À medida que avançar na trilha, você encontrará algumas reflexões e premiações.

Como dito anteriormente, nossos pilares são cultura maker, robótica e programação. Com os avanços tecnológicos, esses conhecimentos e essas habilidades se tornam cada vez mais necessários em nosso cotidiano, no mundo do trabalho e na interação social e ambiental. Por isso, apropriar-se desses conhecimentos, de maneira responsável, crítica e sustentável, nos torna cidadãos cada vez melhores ao fazermos escolhas profissionais que nos tragam satisfação pessoal, promovam o desenvolvimento coletivo e garantam sustentabilidade ao meio ambiente.

Vamos conhecer algumas profissões que requerem conhecimentos de programação e/ou robótica? Fizemos uma seleção de algumas já existentes e que permanecem importantes, pensando na área de robótica e programação, e das que são apostas perante os desafios iminentes.

GLOSSÁRIO DAS PROFISSÕES – ROBÓTICA E PROGRAMAÇÃO

AI-assisted healthcare technician (Técnico de saúde assistido por IA): responsável por construir sistemas hospitalares mais eficientes e humanizados, com o auxílio da inteligência artificial, e permitir acesso médico remoto.

Analista de negócios: responsável pela busca de novas soluções e oportunidades para empresas, verificação de tendências de mercado, criação de novos produtos ou melhoria dos já existentes.

Analista de sistemas: profissional que resolve problemas de rede relacionados aos sistemas computacionais de hardware e software.

Arquiteto de redes de informática: responsável por criar e manter a variedade de redes de comunicação (as intranets, por exemplo) como infraestruturas expansivas na nuvem.

Arquiteto de soluções: atua com programadores e gerentes de projeto, proporcionando soluções tecnológicas para as necessidades e os problemas de uma empresa.

Coordenador de implantação: coordena projetos de instalação e integração de sistemas em empresas, avaliando o custo, a rentabilidade e o risco das mudanças.

Cyber city analyst (Analista de cidade cibernética): responsável por assegurar o fluxo confiável de informações sobre as cidades, envolvendo dados dos cidadãos e dos recursos dos municípios.

Data analyst (Analista de dados): responsável por gerar respostas de negócio significativas e recomendações com base na investigação de dados.

Desenvolvedor de automação e robótica: elabora e executa projetos relacionados a processos de automatização; portanto, deve ter amplo conhecimento de codificação e programação.

Desenvolvedor de sistemas internos: responsável por criar flexibilidade aos usuários com o uso de aplicativos e infraestrutura desenvolvida na empresa ou na nuvem.

Designer de redes neurais robóticas e inteligência artificial: deve conhecer o funcionamento do nosso cérebro e a tecnologia ideal para replicá-lo artificialmente, de maneira concreta e útil. Portanto, precisa ter base em alguns ramos das ciências humanas para criar um robô que pensa como ser humano.

Engenheiro de nanorrobôs: profissional médico com conhecimentos de engenharia e computação para trabalhar com aplicação de nanotecnologia, chamada nanomedicina.

Engenheiro de software: projeta e desenvolve sistemas, aplicativos e programas, desenhando-os e testando-os.

Engenheiro de testes: conduz testes para se certificar de que os softwares de produtos estão em condições adequadas.

Especialista em e-commerce: otimiza plataformas e gerencia operações on-line. Já é um profissional requisitado e, com tantas lojas virtuais na internet, deverá estar cada vez mais especializado em recursos para atrair consumidores.

Genomic portfolio director (Diretor de portfólio genômico): responsável por criar e executar estratégias para aumentar o portfólio de produtos que envolvam a ciência da vida.

Gerente de desenvolvimento de negócios AI: responsável por atuar com os avanços na área da ciência da computação e com vantagens de negócios, próximo das áreas de vendas, marketing e do time de sócios.

Gerente de projetos: investiga, acompanha, negocia e estabelece acordos sobre o fornecimento de produtos e serviços para garantir o alinhamento ético nos contratos de um público estratégico.

Impressor 3-D: profissional de todos os setores de atividade com conhecimento das ferramentas desse tipo de impressão que imagine e acrescente mais funções às impressoras 3-D. Por ter uma profissão combinada com outras tecnologias, esse profissional também deverá ter conhecimento de Internet das Coisas.

Man-machine teaming manager (Gerente de equipe homem-máquina): esse profissional foca na colaboração entre homem e máquina, identificando tarefas, processos, sistemas e experiências que podem ser melhorados com a tecnologia.

Master of edge computing (Mestre de computação de borda): atua com modelos que descentralizam o armazenamento e/ou o processamento de dados, aproximando-se de onde os dados são gerados ou utilizados.

Profissionais de big data: analisam, nas empresas, dados e informações cruzadas de fontes variadas, internas ou externas.

Programador de jogos digitais: atua na área de TI e games. Com o aprimoramento dos smartphones e as transformações digitais, o mercado de games é uma área muito popular e com grande demanda de bons profissionais.

Programador web: responsável pelo desenvolvimento de portais, fóruns, sites e aplicações destinadas à internet.

Protético robótico: desenvolve próteses e dispositivos robóticos para substituir partes do corpo.

Quantum machine learning analyst (Analista de aprendizado de máquina quântica): integração da área de machine learning (do inglês, aprendizado de máquina) com o aspecto quântico. Esse profissional visa aprimorar, o mais rápido possível, a velocidade e o desempenho de algoritmos de aprendizagem e problemas reais do mundo corporativo.

Roboticista: desenvolvedor de robôs com estabilidade dinâmica, inteligência e capacidade de ter empatia com aqueles que dele necessitam. Para ser roboticista, é preciso ter conhecimentos em áreas como Internet das Coisas, inteligência artificial e impressão 3-D.

Terapeuta de empatia artificial: para o apoio adequado a pessoas com deficiência, é necessário que profissionais de robótica tenham conhecimentos de psicologia, sociologia e psiquiatria.

Gostou do glossário de profissões que utilizam robótica e programação? Percebeu como os conhecimentos em robótica e programação têm-se espalhado para outras áreas do conhecimento, não somente as clássicas, com foco nas engenharias e na computação? Fantástico, não é mesmo?

Ficou motivado em experimentar mais a robótica e a programação? Vamos, então, iniciar essas experiências de autoconhecimento e desenvolvimento?

PROGRAMAÇÃO DESPLUGADA

A programação desplugada não envolve dispositivos eletrônicos, mas, sim, os conceitos básicos de programação, como a sequência, a lógica e as regras, por meio de atividades práticas, lúdicas e criativas. Além disso, permite o desenvolvimento de habilidades para a resolução de problemas, para o pensamento computacional e a criatividade.

Vamos experimentar uma atividade de programação desplugada?

Todo projeto inclui planejamento para alcançar metas e objetivos, correto?

SAIBA MAIS

Planejar é mapear todos os elementos necessários para atingir um objetivo, incluindo a seleção das ações mais adequadas para alcançar a meta. É a melhor maneira de visualizar o objetivo desejado e escolher os melhores caminhos para alcançá-lo. Para isso, o ponto de partida deve ser do que precisamos e o que desejamos conquistar.

Partindo desse princípio, o projeto de vida deve incluir o planejamento, o qual, com base no autoconhecimento e nas experiências vivenciadas, permitirá a você tomar decisões sobre o que deseja para seu futuro profissional – sem deixar de lado os âmbitos pessoal e social – e **definir o que será necessário** para alcançar seu objetivo.

Antes de qualquer decisão sobre o futuro, onde deve estar seu foco?

É fundamental que seu foco esteja na organização e na gestão do tempo para os estudos, as descobertas e as ações que você precisa ter, pensando nas coisas que deseja alcançar. E é com esse objetivo que convidamos você a realizar uma atividade de programação desplugada para organização e gestão do tempo. Vamos lá?

Estamos na etapa 1, que consiste na preparação para as demais, até o objetivo final. É o momento de organização, gestão do tempo e planejamento.

MATERIAIS NECESSÁRIOS
- Folhas, cadernos, lápis e caneta.
- Se possível, computador, celular ou tablet com conexão à internet.
- Criatividade!

PASSO A PASSO

De que você necessita para organizar, planejar e gerir o tempo em relação aos estudos?

Você já ouviu falar em brainstorming? Em português, esse termo significa "tempestade de ideias". É uma técnica utilizada em diferentes contextos – profissionais, educacionais, pessoais – para ter o máximo de ideias, em um curto espaço de tempo, sobre determinado tema, sem nenhum julgamento de valor. O brainstorming pode ser realizado de maneira individual ou em grupo.

Agora que você já sabe o que é brainstorming, pegue uma folha em branco ou um caderno, coloque foco e realize a técnica.

Para esta atividade, você pode utilizar ferramentas on-line e gratuitas para realizar o brainstorming, mas vai precisar de um computador, um celular ou um tablet com acesso à internet.

Sugestões de sites
- MindMup, disponível em: www.mindmup.com
- Miro, disponível em: www.miro.com
- IdeaBoardz, disponível em: www.ideaboardz.com

Acessos em: 14 set. 2023.

Após realizar a técnica do brainstorming, você terá uma lista de necessidades, correto?

Mas o que é realmente relevante para conseguir se manter organizado, planejar e gerir bem seu tempo?

Faça uma seleção, analisando e julgando o que faz e o que não faz sentido, de acordo com suas metas e seus objetivos.

Uma sugestão é dividir uma folha em três colunas, com os tópicos organização, planejamento e gestão do tempo, para completar as necessidades e ações identificadas. Observe a imagem.

Percebeu que falta algo? Aproveite e acrescente em sua tabela.

Se preferir, você pode utilizar uma tabela on-line ou programas como Word (editor de texto) e Excel (editor de planilha).

ORGANIZAÇÃO	GESTÃO DO TEMPO	PLANEJAMENTO

Após a seleção, é importante definir as prioridades. Quais são as principais dificuldades? Quais são as habilidades prévias que precisam ser desenvolvidas? Divida as atividades maiores em menores e vá por etapas.

De novo, você pode utilizar recursos on-line, se preferir. Observe a imagem e reproduza-a, se desejar.

Você já ouviu falar em técnicas de priorização de tarefas, como a Matriz de Eisenhower? Essa matriz é uma técnica que ajuda a priorizar tarefas e ações, de acordo com a urgência e a importância. Como mostra a imagem, a matriz é dividida em dois eixos e quatro quadrantes. O eixo horizontal identifica o que é urgente, e o vertical, o que é importante. Assim, são formados quatro quadrantes, a saber:

IMPORTANTE E URGENTE – atividades para as quais haverá consequências caso não sejam realizadas.

IMPORTANTE E NÃO URGENTE – tarefas que podem ser reagendadas sem nenhum impacto, cujos resultados são de longo prazo.

NÃO IMPORTANTE E URGENTE – tarefas que precisam ser realizadas, mas não dependem exclusivamente de sua atuação. Ou seja, é possível pedir ajuda.

NÃO IMPORTANTE E NÃO URGENTE – atividades que não gerarão nenhum resultado significativo ao objetivo a ser alcançado e, portanto, podem ser retiradas da lista.

Gostou da sugestão? Essa é uma das técnicas de priorização, mas existem outras.

	URGENTE	NÃO URGENTE
IMPORTANTE	1º QUADRANTE "FAÇA AGORA!"	2º QUADRANTE "AGENDE"
NÃO IMPORTANTE	3º QUADRANTE "DELEGUE"	4º QUADRANTE "ELIMINE"

Você já fez o exercício de priorização, correto? Agora vamos montar um cronograma para estabelecer prazos para suas ações? Para seu plano de estudos?

O cronograma pode ser elaborado em diferentes formatos, com os materiais que você tiver à mão:

- folha, cartolina;
- modelos prontos, vendidos em papelaria;
- modelos disponíveis no Office;
- modelos on-line e gratuitos, como Trello, TomatoTimer, Agenda do Estudante, entre outros.

Observe o modelo na imagem.

PLANO DE ESTUDOS — SEMANA ___

SEGUNDA	TERÇA	QUARTA	QUINTA	SEXTA	SÁBADO	DOMINGO
MANHÃ	MANHÃ	MANHÃ	MANHÃ	MANHÃ	MANHÃ	MANHÃ
TARDE	TARDE	TARDE	TARDE	TARDE	TARDE	TARDE
NOITE	NOITE	NOITE	NOITE	NOITE	NOITE	NOITE

Você já priorizou as ações e elaborou um cronograma com prazos. Mas manter o foco é fundamental, não é?

Portanto, quais regras você estabelecerá para não perder o foco perante algum obstáculo? O que é ou não permitido?

As regras podem ser estabelecidas e fixadas nas atividades como lembretes, nos lugares de mais fácil visualização. Podem ser, inclusive, regras de motivação, como "diante da dificuldade, respire fundo e não desista!".

USE A CRIATIVIDADE!

Seu planejamento está pronto, porém há os complementos que podem facilitar e agilizar o dia a dia.

Quais são as atividades frequentes, que deverão ser repetidas e mantidas todos os dias/semanas/meses? Elas podem ser automatizadas. Pense em possibilidades para economizar esforço na realização delas.

Podemos e devemos pedir ajuda!
Quais dificuldades você identificou?
Alguém pode ajudá-lo?
Pense, anote e peça ajuda.

Os passos apresentados ajudaram você a construir regras e estratégias para organizar, planejar e gerir seu tempo em relação aos estudos? Observe que, ao seguir o passo a passo, você realizou uma atividade de programação desplugada sobre seu futuro e sobre os próximos passos!

 Definindo estratégias e procedimentos para a resolução de um problema. Você o fez ao desmembrar as necessidades, analisar as possibilidades e definir prioridades e estratégias para alcançar os objetivos.

 Criando comandos para uma demanda específica. Você o fez ao definir a ordem de prioridades, os prazos e as regras; ao colocar foco no que é relevante.

 Utilizando o raciocínio lógico. Você o colocou em prática ao refletir sobre as ações necessárias, analisando-as e organizando-as, fazendo escolhas e tomando decisões.

 Solucionando questões e simplificando caminhos. Você o fez ao resolver um problema etapa por etapa, simplificando caminhos, utilizando ferramentas, automatizando o que é possível e buscando ajuda.

> Nina, viu como é interessante testar e desenvolver habilidades que a programação possibilita, porém de maneira desplugada, planejando caminhos para os planos de estudo?

> Muito interessante, Chico! Esse início me fez refletir: em um mundo com mudanças cada vez mais aceleradas, devemos realmente nos preocupar com a profissão que queremos exercer? Ou com as habilidades e os saberes que devemos desenvolver, aprendendo continuamente, para atuarmos em profissões que nem existem ainda?

> Poxa, Nina! Verdade, hein? Com as mudanças cada vez mais rápidas da tecnologia, muito ainda está por vir.

Desenvolver habilidades para programação, independentemente da área de conhecimento, mobiliza a capacidade de resolução de problemas – competência cada vez mais necessária numa sociedade complexa, global, com muitas incertezas e problemas sociais.

No entanto, não basta dominar as habilidades para programação. É importante compreender "por que" e "para quê". A criatividade, a capacidade de inovar, de querer fazer diferente, deve proporcionar prazer pessoal, além de gerar impactos positivos na sociedade; o conhecimento deve ser adquirido de modo colaborativo para benefício do coletivo; o conhecimento da tecnologia não deve se restringir ao consumo passivo – é essencial apropriar-se, compreender e contribuir.

VOCÊ JÁ OUVIU FALAR EM PROGRAMAS DE CÓDIGO ABERTO?

Trata-se de softwares cujo código está disponível para qualquer pessoa. Nós podemos usá-lo, alterá-lo, combiná-lo e redistribuí-lo. A ideia parte da criação de aplicativos voltada à colaboração entre desenvolvedores e à ajuda de terceiros para evoluir e resolver problemas. São exemplos de programas construídos e melhorados de maneira colaborativa para, na grande maioria, atender às necessidades sociais. Esses programas permitem o acesso democrático, a inclusão e o protagonismo, em diferentes soluções. Veja um exemplo:

XDRIP+

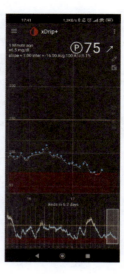

Aplicativo de código aberto utilizado para o gerenciamento dos níveis de glicose por diabéticos, contribuindo para o autocuidado e o tratamento da doença. Cada vez mais, o software é melhorado com a contribuição dos próprios diabéticos, os quais, na maioria, não são programadores.

Há poucos softwares que possibilitam essa gestão com eficiência. O gerenciamento da glicose de maneira eficaz ainda está vinculado a tecnologias de alto custo, restritas a poucas pessoas que têm a doença.

Agora você deve responder a pergunta a seguir. Leia com atenção! Ao responder à questão, você avança para a próxima etapa e ganha uma dica para seu projeto de vida.

VAMOS LÁ? ESTAMOS COM VOCÊ!

Responda: A programação pode contribuir para o desenvolvimento de habilidades para trabalhar com algoritmos, probabilidade e estatística?

DICA PARA A CONSTRUÇÃO DO PROJETO DE VIDA

O passo a passo da atividade desplugada proporcionou reflexões, organização e planejamento para atingir seus objetivos? Ainda há muitas incertezas, e está tudo certo. Você está no processo de construção do seu projeto de vida. Deixe todos os passos registrados, levando em consideração as dificuldades, as dúvidas, o que você curtiu, as descobertas e as habilidades que você identificou ou desenvolveu. Tudo faz parte do processo de autoconhecimento e desenvolvimento. E, portanto, do seu projeto de vida.

Resposta: Sim.

 **SCRATCH**

Agora que vivenciamos a programação desplugada, que tal falarmos de programação plugada? Para iniciarmos nossa conversa, vamos ver o Scratch, software gratuito e intuitivo que funciona por meio de blocos lógicos coloridos e animações divertidas. Em https://scratch.mit.edu/ (acesso em: 14 set. 2023), é possível acessar a plataforma (que, inclusive, está disponível em português do Brasil) e contar histórias, criar jogos e desenvolver muitas outras ideias criativas!

Convidamos você a acessar o software. Para isso, você precisará de um computador com acesso à internet ou, se desejar, baixe o programa, porque ele também funciona off-line. Ao acessar a plataforma, clique em **criar**. Você verá uma imagem como esta:

Haverá, então, algumas funções importantes para o nosso trabalho. Recomendamos que você siga os passos de exploração e reconhecimento da ferramenta.

À direita, no topo da página, há três abas pequenas: **Código**, **Fantasias** e **Sons**.

Na aba **Código**, é encontrado o espaço para, de fato, codificarmos nossas animações. Há, então, uma série de blocos, com objetivos diversos, que permitem essa construção, além do botão + (canto inferior esquerdo), que possibilita criar novos códigos, com base em extensões:

- os blocos de **Movimento**, que definem a posição dos elementos na animação;

- os de **Aparência**, que modificam a forma e o tamanho dos elementos na tela e adicionam fala e pensamento a eles;

- os de **Som**, que permitem acrescentar sons e barulhos à animação;

- os de **Eventos**, que determinam a execução do código com base em eventos específicos (como executá-lo quando a barra de espaço for pressionada);

✺ os de **Controle**, que determinam ações com base em um tempo específico, além de poderem clonar elementos ou até criar condições para uma ação (caso alguma ação aconteça, outra é ativada);

✺ os de **Sensores**, que não só adicionam a sensibilidade a cliques nas animações como também interagem com o usuário (usando as respostas e o nome dele para executar determinadas ações);

✺ os de **Operadores**, que permitem somar, subtrair, igualar etc. diferentes blocos e informações;

✺ e, enfim, os de **Variáveis** e os **Meus blocos**, que partem de criações próprias dos autores das animações, permitindo maior personalização do código.

Na aba **Fantasias**, é possível ter acesso a variações no visual dos personagens adicionados à tela. Com o personagem-padrão do software, o gato, ao clicar na aba **Fantasias**, pode-se ver que ele assume dois formatos diferentes, os quais, se conjugados, podem dar a impressão de que ele está caminhando. Há também o botão +, para adicionar novas fantasias ao elemento.

Na aba **Sons**, é possível ver os sons atrelados a esse personagem – nesse caso, apenas um, o "miau" –, além de editá-lo, se necessário. Há também o botão +, para adicionar novos sons ao elemento.

> **DICA DE OURO:** todos os elementos de fantasias e sons podem ser editados e adicionados de acordo com sua preferência. É possível, por exemplo, adicionar novas animações ou sons ao Scratch e gerar sua própria variação! Veja como o personagem do gatinho tem vários visuais diferentes:

Na parte central da aba **Código**, a grande tela branca é o local em que seu código será construído. A ideia é empilhar blocos de modo que uma execução seja codificada.

À direita, há, no topo, dois botões: uma bandeira verde e uma placa vermelha. A bandeira verde é o play para a execução do código, enquanto o botão vermelho pausa essa execução.

Logo abaixo, é possível encontrar a tela de animação. É ali que a brincadeira acontece! Tudo aquilo que é desenhado como código será executado na tela, de acordo com suas instruções.

Na parte de baixo, enfim, há um quadro de diferentes edições para os elementos da tela: em *Ator*, há nome, posição, tamanho, direção do personagem/objeto da tela; botão + para adicionar novos elementos; e *Palco*, espaço para adição de um cenário à tela em branco. Os dois são, como já vimos, totalmente editáveis, e você pode adicionar seus próprios elementos!

Agora que conhecemos o Scratch na totalidade, vamos à atividade mão na massa? Hoje, criaremos uma animação bastante interessante, a fim de utilizarmos grande parte das ferramentas que o software oferece.

MOMENTO MÃO NA MASSA: contando sua história para o Martin

Vamos falar sobre sonhos? Qual é o seu sonho no mundo das profissões? O que você gostaria de estudar?

Nesta atividade mão na massa, vamos criar uma pequena história, e você, claro, é livre para acrescentar o que quiser à narrativa.

A ideia é aprendermos os comandos básicos do Scratch a partir de uma breve conversa entre você e meu amigo Martin, que será o primeiro da família dele a entrar na faculdade!

O Martin também quer conhecer você e ouvir sobre seus sonhos. O objetivo dessa animação é não só ensinar a você os primeiros comandos de programação com blocos, como também lhe dar a oportunidade de refletir sobre seu futuro e, depois, alcançá-lo! Vamos?

MATERIAIS NECESSÁRIOS

✺ Software Scratch, disponível em: https://scratch.mit.edu/. Não é necessário baixá-lo; você pode utilizá-lo on-line mesmo!

✺ Computador com acesso à internet.

✺ Imaginação!

PASSO A PASSO

Esta atividade consiste em uma animação produzida com o Scratch. Vamos utilizar o software para criar uma pequena história, uma conversa entre você e o personagem Martin, por meio da qual os dois falarão sobre seus sonhos. Durante a atividade, se possível, anote os conceitos e blocos utilizados; fazer isso ajudará você a refletir sobre as diferentes oportunidades de criação que o Scratch traz!

Antes de tudo, é importante que você acesse o software. Nele, você entrará nos materiais e, depois, em *Start Creating* ("Comece a criar", em português), já na tela inicial. O botão é este:

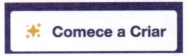

Para facilitar nosso trabalho, ao abrir a tela de programação, vá até *Settings* ("Configurações") e, em *Language* ("Idioma"), selecione "Português Brasileiro". Veja:

Se desejar, você pode fazer a atividade em inglês, para treinar um pouco, OK? Você escolhe a melhor opção!

Em seguida, para deixarmos tudo preparado, vamos apagar o gatinho que já está na tela de animações. Logo abaixo dessa tela, há um pequeno botão de lixeira preso ao ícone do gatinho. Clique nele para apagar o personagem.

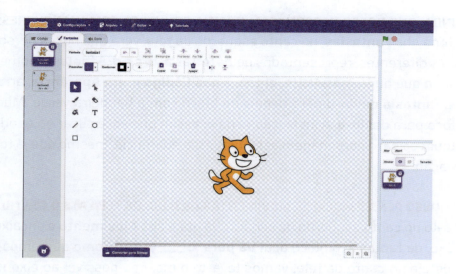

AGORA, VAMOS COMEÇAR NOSSA HISTÓRIA!

1. NA PRIMEIRA ETAPA, vamos selecionar um personagem e um cenário. No canto inferior direito, clique no ícone ⬚ para selecionar um cenário. Que tal escolhermos o quarto do Martin? Selecione *Bedroom 3*. Você pode, claro, selecionar qualquer outro. É apenas uma sugestão! Depois, para escolher o personagem, clique em ⬚. Aquele que chamaremos de Martin é, na realidade, o personagem Devin. Para encontrá-lo, basta pesquisar por "Devin" no campo de pesquisa da página. Clique nele para adicioná-lo à tela e veja como fica o início da sua animação ao lado! Para modificar o nome (apenas a título de organização), edite, logo abaixo da tela, o nome **Ator** para **Martin**.

DICA DE OURO: se desejar, você pode adicionar o próprio cenário ou personagem. Basta clicar no ícone ⬚ em qualquer uma das duas seleções. Nesta atividade, vamos usar animações já da plataforma, uma vez que também vamos aproveitar as diferentes posições e expressões do personagem, OK?

2. AGORA, VAMOS COMEÇAR A PROGRAMAÇÃO. É possível iniciar qualquer execução de muitas maneiras, e o Scratch dá, também, várias ideias, por exemplo, pela barra de espaço do teclado. Aqui, vamos usar o básico: a bandeira verde. 🚩 Então, antes de iniciar qualquer montagem de blocos, vá até **Eventos** e arraste **Quando for clicado** para a tela de montagem da animação.

3. QUEREMOS, AINDA, QUE NOSSO PERSONAGEM INICIE A CONVERSA COM UMA EXPRESSÃO ESPECÍFICA. Se você for à aba **Fantasias**, no canto esquerdo da tela, verá que nosso personagem tem quatro visuais diferentes, representados pelas letras **a**, **b**, **c** e **d**. A fantasia nomeada **devin-a** é exatamente a que queremos. Volte, então, à aba **Código** e, em **Aparência**, arraste o bloco **mude para a fantasia devin-d** para depois do bloco com a bandeira verde. Mude a opção **devin-d** do bloco para **devin-a**. A instrução dada é: assim que você clicar na bandeira verde, antes de qualquer coisa, o personagem assumirá essa aparência, mesmo que já tenha outra no fim da animação.

4. VAMOS FAZER NOSSO PERSONAGEM SE MOVIMENTAR DE FORA DA TELA ATÉ O CENTRO DO QUARTO? Para colocá-lo no canto esquerdo do cenário, vá até a aba **Movimento** e encaixe ao bloco da bandeira roxo, da fantasia, o bloco azul **Vá para x: ___ y: ___**. Como queremos que nosso personagem esteja no canto da tela, vamos levá-lo o máximo possível ao eixo **x**, no Scratch: a posição 274 (que, como é à esquerda, será representada por um valor negativo, **-274**). O eixo **y** define a posição vertical do personagem; vamos deixá-la em **-60**, ideal para que ele fique à altura do chão. Adicione, então, esses valores aos espaços brancos arredondados do bloco **Vá para**, assim: **Vá para x: -274 y: -60**. Pronto! Nosso amigo Martin iniciará a animação no canto esquerdo da tela!

5. MAS É CLARO QUE, SE VAMOS CONVERSAR COM O PERSONAGEM, PRECISAMOS TRAZÊ-LO PARA O CENTRO DA TELA, CERTO? Então vamos fazê-lo caminhar até essa posição.

- ⚙ Para descobrir a posição ideal, arraste (com o mouse mesmo!) o personagem até o centro do quarto (ou até a posição que desejar) e veja, logo abaixo da tela de animação, o valor indicado no eixo **X**. A posição **-4** parece interessante, então vamos utilizá-la.

- ⚙ Agora vamos movimentá-lo. Primeiro, precisamos adicionar um **loop**; afinal, nosso personagem precisa andar sozinho, ou teremos de executar várias vezes o mesmo movimento, até que ele chegue ao lugar desejado. Vá à aba **Controle**, com os blocos laranja, e arraste o bloco **Repita 10 vezes** para o grupo de blocos que você está construindo. Qualquer coisa colocada dentro dele será executada na quantidade de vezes definida por você – a qual, por padrão, é de **10 vezes**, mas você pode modificá-la, se preferir. A fim de mostrar um movimento gradual, não um salto, vamos manter o **10 vezes**, OK?

- ⚙ Depois, voltando à aba **Movimento**, agora, sim, arraste o bloco **mova 10 passos** para dentro do **loop** laranja. Você perceberá que ele se encaixa exatamente no bloco de repetição, assim:

No número de passos, como precisamos fazer o personagem chegar à posição -4, vamos fazer uma matemática básica: se Martin precisa andar 270 passos (da posição -274 até a -4), vamos repetir **10 vezes** a quantidade de **27 passos** e, assim, alcançar o lugar desejado. Como na imagem, coloque **27** no espaço branco do bloco azul para fazer o personagem andar.

✺ Vamos fazer um movimento um pouco mais gradual? Se continuarmos deste ponto, o personagem praticamente correrá até o centro da tela. Para tornar o movimento um pouco mais lento, adicione logo abaixo do bloco **mova 27 passos** o bloco laranja **espere 1 seg**, presente na aba **Controle**. Com isso, por **10 vezes**, o personagem se movimentará **27 passos**, esperará **1 segundo** e, depois, voltará a se movimentar **27 passos**. Seu bloco, adicionado ao restante, ficará assim:

> **DICA DE OURO:** sempre que você quiser testar o programa que está criando, basta clicar na bandeira verde logo acima da tela de animação. Aqui, nesta etapa, por exemplo, se clicar nela, você perceberá o movimento de Martin até o centro do cenário, no x=-4. Se isso não acontecer, verifique o que houve de errado, refazendo os passos e revendo as orientações.

6. VAMOS COMEÇAR AS CONVERSAS? Primeiro, queremos que nosso personagem pareça estar falando ao se comunicar com você. O **visual devin-d** é exatamente o que desejamos: o personagem falando! Volte, então, à aba **Aparência** e arraste o bloco **mude para a fantasia devin-d** para depois dos movimentos que programamos. Diferentemente da primeira parte, deixe, agora, o **devin-d** na opção mesmo. A instrução dada é: assim que o personagem chegar ao centro do cenário, ele mudará o visual para o que queremos. Execute e perceba!

7. AGORA, JÁ VAMOS COMEÇAR COM UMA PERGUNTA: ANTES DE SE APRESENTAR, MARTIN PERGUNTARÁ SEU NOME. Essa interação pode ser usada em muitas animações do Scratch, incluindo para criar *quizzes*! Vá até a aba **Sensores** e arraste **pergunte Qual o seu nome? e espere** para seu grupo de blocos. Assim que esse trecho for executado com a pergunta, será aberta uma caixa de respostas, na qual você poderá digitar o próprio nome, como resposta à pergunta do personagem!

8. AGORA, VAMOS FAZER UM MOVIMENTO UM POUCO MAIS COMPLEXO: nosso personagem se apresentará usando, **especificamente**, seu nome ao falar com você!

⚙ Para isso, vá à aba Aparência e arraste o bloco **Diga Olá!** por 2 segundos para a tela de código – sem, ainda, o encaixar no restante dos blocos. Vamos fazer um conjunto de blocos um pouco mais complexo antes de levá-lo ao código principal.

⚙ Para adicionar à fala do personagem, em vez de apenas "Olá!", a frase "Olá, (seu nome)!", precisamos juntar dois comandos: uma fala pré-selecionada ("Olá, !") e, no meio dela, a resposta dada por você. Assim, se seu nome for João, Martin responderá "Olá, João!"; mas, se for Mariana, ele dirá "Olá, Mariana!". Para isso, vamos à aba Operadores, já que queremos somar duas informações. Observe que o formato dos operadores se encaixa exatamente no bloco de fala. Agora, arraste o bloco **junte** maçã **com** banana para dentro do espaço branco arredondado no bloco roxo **Diga**, aquele que, antes, dizia "Olá!".

⚙ O próximo passo é ainda mais complexo, mas vamos conseguir: no primeiro espaço de texto arredondado, você escreverá "Olá, ". É importante que haja um espaço depois da vírgula, a fim de que exista um espaço, também, antes do nome que você falará, na hora em que o balão de fala aparecer na animação. No segundo espaço branco, adicionaremos outro operador verde junte maçã com banana, a fim de juntarmos sua resposta a uma exclamação (afinal, Martin está feliz de conhecer você!). Encaixe esse bloco dentro do segundo espaço arredondado, deixando-o assim:

Como queremos que o personagem use sua resposta na fala, precisamos adicioná-la a esse bloco, logo depois de "Olá, ". Para isso, vamos até a aba Sensores e arrastamos o bloco resposta exatamente para dentro do espaço branco em que, originalmente, aparecia "maçã". Para finalizarmos tudo com uma bela exclamação, em vez de "banana", coloque um "!". Seu bloco, que agora pode ser encaixado ao restante, ficará assim:

Execute o código e, ao aparecer a caixa de texto, adicione seu nome e dê Enter para ver o resultado!

9. AGORA, CHEGOU A HORA DE MARTIN SE APRESENTAR! Siga estes passos:

🟥 Primeiro, vamos dar um ar mais "simpático" à apresentação do nosso amigo, adicionando à animação o visual c. Em Aparência, arraste **mude para a fantasia devin-c** para o código. Lembre-se de mudar a opção para **devin-c**, OK?

🟦 Agora, vamos contar a história dele! Para isso, arraste o bloco **Diga "Olá!"** por 2 segundos para o código e edite o "Olá!", trocando a mensagem pela fala do personagem. Vamos dar uma sugestão: "Meu nome é Martin e quero ser professor! Vou ser o primeiro da minha família a entrar na universidade. Estou muito animado!".

🟩 É importante aumentar o tempo que esse balão de fala permanece na animação; afinal, há bastante texto nessa mensagem, certo? Para isso, troque 2 segundos, neste bloco, por 4 segundos – ou o tempo que você preferir.

🟥 Por fim, não podemos deixar o Martin falando sozinho! Agora, vamos adicionar uma pergunta, de maneira que ele também descubra sua profissão dos sonhos. Adicione novamente ao código o bloco **Pergunte "Qual o seu nome?" e espere** e troque a mensagem no espaço branco por "E você, o que quer ser?". Execute e veja que, no fim da animação, outra caixa de texto será aberta, para que você digite a resposta. Legal, né?

Partiremos, agora, para uma parte mais complexa, que envolverá, inclusive, estruturas mais condicionais. Até aqui, seu código deve estar como na imagem a seguir. Se não estiver, reveja o que precisa ser modificado.

10. VAMOS ADICIONAR UMA ESTRUTURA CONDICIONAL À NOSSA CONVERSA? É importante adicioná-la; afinal, as reações do Martin não podem ser as mesmas, caso você responda, por exemplo, que quer ser médico ou professor, igual a ele. Nesse caso, se você responder "professor", ele reagirá de uma maneira; se responder "médico" ou qualquer outra profissão, ele dirá outra coisa. Vamos fazer isso?

✺ As estruturas condicionais ficam na aba Controle, em laranja. Como vamos colocar duas estruturas ("se o estudante responder professor, direi isso; senão, direi aquilo"), escolheremos o bloco "Se ____ então ____ senão ____", o 5º da lista da aba **Controle**. Adicione-o à tela de animação, sem o encaixar no restante, para organizarmos sua estrutura antes.

✺ Se haverá uma resposta específica quando dissermos "professor", será na primeira parte do bloco que construiremos esse código. Mais uma vez, adicionaremos um operador. Agora, porém, adicionaremos o de igualdade: ⬡ = 50 .

A ideia é apontar que, se a resposta for igual a "professor", ele agirá de maneira específica. Por isso, na aba Sensores, você escolherá o bloco resposta, encaixando-o ao primeiro espaço branco do bloco verde, e, no segundo bloco, escreverá "professor", assim:

 .

Feito isso, você pode encaixar todo esse bloco no espaço entre **Se** e **então**, no bloco condicional que adicionamos à tela anteriormente.

✺ Agora, vamos codificar a reação do Martin, nas duas situações:

Caso sua resposta seja "professor", é esperado que Martin fique feliz, certo? Por isso, vamos adicionar as seguintes etapas a essa parte do bloco, logo abaixo de **se "resposta" = "professor" então**:

a) Primeiro, adicione, da aba **Aparência,** um bloco roxo **Diga "Olá!" por 2 segundos**, trocando a mensagem "Olá!" por alguma que mostre a reação de Martin. Nossa sugestão: "Jura? Que legal! Vamos ser colegas então!" por 4 segundos.

b) Vamos, agora, fazer Martin perguntar qual disciplina você quer ensinar? Adicione, na aba **Sensores**, a pergunta **pergunte "E você quer ser professor de quê?" e espere**.

c) Para adicionar uma reação e dar fim à conversa, vamos acrescentar mais dois blocos roxos de fala, conjugando sua resposta e a reação de Martin: em um deles, adicione o bloco **diga "Olá!" por 2 segundos** e dois operadores verdes **junte __ com __**, um dentro do outro, no segundo dos espaços em branco, assim:

34

Agora, depois do primeiro **junte**, adicione um "Caramba", com espaço após a vírgula, como já vimos; após o segundo **junte**, vá a **Sensores** e adicione o bloco **resposta** e, depois de **com**, adicione a seguinte fala: " é difícil, mas os alunos vão te amar!". Para finalizar a conversa, adicione mais o bloco roxo **Diga "Olá!"** (atenção: dessa vez, não adicionaremos o bloco **Diga "Olá!" por 2 segundos**, mas um sem limite de tempo, ou a mensagem sumirá!) e substitua o "Olá!" por "Foi um prazer! Eu espero te encontrar na faculdade!". Está pronta a reação com base na primeira resposta! Esses dois blocos, com as últimas reações, ficarão assim:

Caso sua resposta seja diferente de "professor", adicionaremos mais algumas reações ao trecho **senão** do bloco laranja. Vamos lá?

a) Adicione, de início, a mesma estrutura do trecho anterior, com o bloco roxo e dois blocos verdes dentro dele, assim:

.

Ao lado do primeiro junte, adicione um "Nossa"; ao lado do segundo bloco resposta e, ao lado de com, o texto ", que legal!"

b) Coloque, agora, mais um bloco pergunte ___ e espere, adicionando à mensagem a pergunta "E qual é o seu maior sonho com essa profissão?".

c) Para finalizar, vamos reagir à sua resposta, com um bloco **Diga "Olá!"** (atenção: dessa vez, não adicionaremos o bloco **Diga "Olá!" por 2 segundos**, mas um sem limite de tempo, ou a mensagem sumirá!) e, no espaço para a mensagem, adicione "Que ótimo! Espero de verdade que você consiga alcançar isso. Espero também ajudar muitos outros alunos a alcançarem esse seu sonho! Foi um prazer!". Está pronta a reação final!

Chegamos ao fim! Espera-se que seu código fique parecido com este – levando em consideração, claro, suas adaptações.

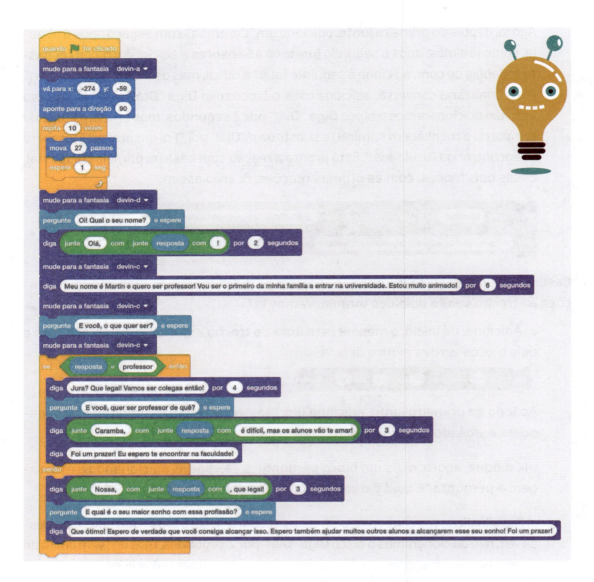

Se estiver tudo certo, execute na bandeira verde e veja a mágica acontecer! Bom trabalho!

MOMENTO REFLEXÃO

E aí, como você se sentiu realizando essa atividade? Foi fácil perceber algumas ações básicas do Scratch e já imaginar como programar com base nele? No processo de codificação, vários desses blocos se repetem, porém de maneira um pouco mais complexa, tomando como base algumas construções que conheceremos a seguir. De qualquer modo, vale parar, voltar e tentar encontrar padrões nessas construções. O que você conseguiu perceber como padrão nessa atividade que criamos?

SAIBA MAIS

Na próxima etapa de nossa jornada, trabalharemos a programação tradicional, na construção do código de fato, com base em plataformas como o Tinkercad e o Arduino. Por isso, desde já, é bom que você perceba que alguns dos blocos utilizados no Scratch se repetem nesse novo formato, embora de maneira um pouco mais complexa e codificada – e em inglês. Veja:

REPITA ___ VEZES: a repetição também está na programação tradicional, e você verá isso ao utilizar tanto o bloco **Loop** quanto o **Counter**. Basicamente, se estamos falando de repetição, estamos igualmente falando de contagem e de algo que se repete de maneira circular – em ciclo mesmo. Isso significa que, se repetimos alguma coisa por **cinco vezes**, contamos a repetição da mesma ação até cinco, quando, então, ela é finalizada; do mesmo modo, estamos reproduzindo algo em **loop**, em círculo. Por isso, ao utilizarmos essas funções na programação tradicional, estamos nos referindo a uma repetição do Scratch.

SE... ENTÃO / SENÃO: da mesma maneira que o Scratch, há também uma estrutura condicional na programação tradicional, representada pela função **if... then / else**. Com ela, é possível programar estruturas que acontecerão dependendo de alguma outra ação.

VARIÁVEIS: uma das ferramentas do Scratch é a criação de variáveis. Com elas, é possível atribuir valores específicos a um código, de modo que seja possível construir algo de maneira mais fácil, prática e resumida. Um valor ou rótulo permite a construção mais clara de um código. Na programação tradicional, antes mesmo de começarmos o código em si, é possível definir variáveis; assim, durante o código, retomamos cada uma delas para construí-lo.

ESPERE ___ SEG: na programação tradicional, há uma função chamada **delay**. Com ela, é possível identificar um tempo específico que o programa precisa aguardar, ao ser executado, para ir até a próxima ação programada.

DESAFIE-SE!

Com base nesses conhecimentos, você pode construir novos. E que tal aproveitar esse momento para continuar a explorar a ferramenta? O Scratch tem uma comunidade por meio da qual você pode compartilhar seu projeto e conhecer novos.

VAMOS LÁ?

Responda: O Scratch pode ser utilizado por um professor da área de ciências humanas, como recurso metodológico, não para ensinar programação, mas para abordar uma temática relacionada aos direitos humanos, como a violência doméstica?

DICA PARA A CONSTRUÇÃO DO PROJETO DE VIDA

Durante a atividade realizada com o Scratch, você teve a oportunidade de aprender a programar, mesmo que nunca tenha feito isso, correto? No entanto, testar suas habilidades de programação não significa apenas analisar se você deve ser programador ou atuar em área correlacionada. A intenção é proporcionar a você a oportunidade de testar e desenvolver habilidades e saberes, como pensamento crítico, raciocínio lógico, capacidade de resolução de problemas, organização e criatividade. Portanto, registre em seu projeto de vida essa experiência, suas dificuldades, as descobertas, os principais desafios. Com esse exercício de análise, você avança mais um pouco no processo de autoconhecimento das habilidades e dos saberes mais consolidados e daqueles que precisam de mais desenvolvimento.

Resposta: Sim.

Retomando a pergunta da Nina sobre *onde colocar o foco, se nas habilidades e nas competências* importantes para uma sociedade cada vez mais tecnológica, digital, global, mas que acumula também problemas sociais, ambientais e políticos significativos, *ou na profissão a ser escolhida*, estudos mostram que alguns saberes, habilidades e competências já são e serão cada dia mais necessários, perpassando uma diversidade muito grande de profissões – profissões que talvez nem existam ainda. Por exemplo, a flexibilidade cognitiva é a habilidade de adaptar-se às exigências de determinado contexto e pensar de maneira criativa para solucionar demandas variadas. Essa é uma habilidade importante em uma sociedade digital, em processo de transformação acelerado e desafios sociais, presente em praticamente todas as profissões!

Então, vamos continuar desenvolvendo habilidades por meio da programação e da robótica?

O Tinkercad, lançado em 2011 e distribuído pela AutoDesk, é um ambiente digital on-line e gratuito. Esse ambiente é totalmente virtual, e, para utilizar a ferramenta, é necessária a criação de uma conta de e-mail. Plataforma conhecida pela facilidade e pela simplicidade de uso, é muito intuitiva e possibilita o exercício da criatividade. Esse ambiente é utilizado principalmente para design de modelos 3-D em CAD, permitindo a criação de objetos digitais em 3-D, com estilo de design personalizável, e, conectado a uma impressora 3-D, pode concretizar os projetos.

Convidamos você a navegar pelo programa, por meio de um computador com acesso à internet. O Tinkercad deve ser acessado pelo endereço://www.tinkercad.com/ (acesso em: 17 set. 2023), e, como dito anteriormente, para fazer a inscrição, você deve utilizar um e-mail.

Após fazer a inscrição, você já poderá explorar a plataforma, com as possibilidades que ela oferece: projetos 3-D, circuitos, blocos de códigos, Sim Lab, aplicativo para iPad e Autodesk Fusion.

O software 3-D Tinkercad trabalha com montagem de peças básicas para projetos simples ou mais complexos, juntando blocos, cilindros e outras formas geométricas elementares. Por ser uma ferramenta simples e gratuita, é ideal para iniciantes no campo da modelagem 3-D, de qualquer área do conhecimento.

Portanto, para aprofundarmos ainda mais nosso estudo em programação, vamos mergulhar agora nesse outro software bem interessante, o Tinkercad, que permite a criação de uma série de projetos, de maneira virtual, os quais podem, inclusive, ser montados com peças físicas! Vamos começar aos poucos e tornar a atividade mais complexa com o tempo, OK? Mãos à obra!

DESAFIE-SE!

Após programarmos com o Tinkercad, tente passar por este desafio: que outras funções utilizadas têm relação com o que você utilizou no Scratch?

MOMENTO MÃO NA MASSA: construindo um LED

Para realizar esta atividade, você deverá estar conectado ao programa. Nosso primeiro exercício é de nível iniciante e envolve a construção de um pequeno sistema para acender um LED.

O objetivo parece simples, mas, com essa pequena luz, vamos conseguir montar muitos outros projetos virtuais e físicos – como um semáforo inteligente ou um sistema de controle de tempo de estudos e trabalho conhecido como "Pomodoro" – ou até ativar outros dispositivos, como ventiladores, motores, lâmpadas. Muitas profissões do futuro envolvem conhecimento básico de programação e construção de sistemas iguais a esse; então, saber fazer o básico é um excelente primeiro passo para um grande futuro profissional! Além disso, teremos a oportunidade de exercitar um pouco algumas ideias que aprendemos com o Scratch, agora com a programação tradicional. Vamos juntos?

MATERIAIS NECESSÁRIOS
- Software Tinkercad, disponível em: https://www.tinkercad.com/. Não é necessário baixá-lo!
- Computador com acesso à internet.
- Imaginação!

PASSO A PASSO

1. ANTES DE TUDO, vamos criar uma conta no Tinkercad, se você já não tiver uma. Vá até "Sign Up" e, depois, em "Create a personal account". Lembre-se de que no canto superior direito você pode traduzir a página para o português.

Na área "Your designs", na qual podemos visualizar nossos projetos, clique em "+ Create" e em "Circuit", para criar um circuito.

DICA DE OURO: se você é estudante, em "Students, join a class", você pode entrar em uma turma criada pelo seu professor; se você é educador, há a possibilidade de criar uma turma para realizar exercícios com os estudantes, em "Educators start here".

2. OBSERVE A TELA ABERTA:

A parte mais importante para o nosso trabalho fica à direita da tela. São os componentes eletrônicos que utilizaremos no circuito. Há alguns componentes eletrônicos básicos, outros ligados ao Arduino (placa programável) e, claro, a possibilidade de pesquisar componentes específicos.

SAIBA MAIS

Arduino é uma plataforma programável que permite receber programação de maneira interativa e independente, usando um microcontrolador ATMEL AVR ou ARM com suporte de entrada e saída embutido para linguagem de programação padrão C/C++.

No topo da tela, também é possível ver algumas opções. As mais interessantes para o nosso estudo são as que estão em verde. O pequeno quadrado verde indica a cor da ligação que você fará – e ela é bem importante, tendo em vista que será possível simular as ligações que fazemos de maneira física, nos circuitos reais –, enquanto o pequeno cabo *flex* ao lado indica os diferentes tipos de ligação que podemos fazer no nosso circuito.

O botão "Code" nos permite ver a codificação que desenvolvemos no nosso projeto, e o "Start Simulation", assim como no Scratch, executa esse programa!

3. VAMOS COMEÇAR A PROJETAR NOSSO LED? Anote os componentes eletrônicos necessários para esse sistema:

- 1 placa Arduino Uno com cabo USB;
- 1 protoboard;
- 1 LED vermelho;
- 1 resistor de 220 ohms.

4. PRIMEIRO, VAMOS ORGANIZAR NA TELA TODOS OS COMPONENTES QUE UTILIZAREMOS. Vá à aba "Components", à direita, e procure por "Arduino Uno R3", "Breadboard Small" (que é a nossa protoboard), "Led" (você pode escolher a cor que quiser para ele, a qual, por padrão, vem em *red*, vermelho) e "resistor" (ao colocá-lo na tela, no espaço "resistance", referente à resistência dele, digite 200 e, nas opções de medida à direita, selecione ohms, representado pela letra ômega (ou Ω). Os "jumpers", que normalmente usamos nas ligações, serão utilizados tomando-se como base a ferramenta de ligações que vimos anteriormente, no topo da página.

5. COMECE LIGANDO O LED À PROTOBOARD. Lembre-se de que ele não pode ter os dois polos ligados em uma mesma coluna da placa. É importante que esteja em duas colunas diferentes, uma vez que os furos destas são conectados entre si, na vertical. Seu LED deve ficar assim:

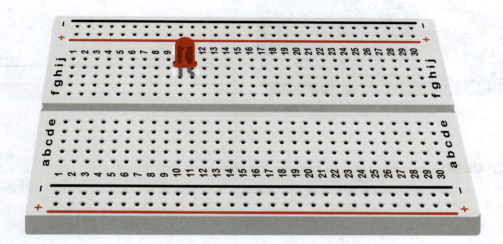

6. AGORA, VAMOS CONECTÁ-LO AO ARDUINO. Como vimos, há um lado positivo, representado pela haste "torta", à direita do LED, e um lado negativo, representado pela haste "reta", à esquerda do LED. O lado positivo deve ser ligado a uma das portas do Arduino (vamos usar a porta 11). Clique na linha verde, no topo da página; depois, clique em um furo logo abaixo da porta positiva e, por fim, leve-o até a porta 11. Você pode, inclusive, optar pela cor que desejar; vamos escolher o amarelo. Veja a imagem:

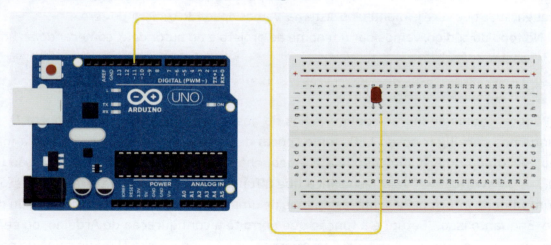

7. O NEGATIVO, PASSANDO PELO RESISTOR DE 220 OHMS, SERÁ LIGADO À PORTA GND DO ARDUINO. Para que o resistor fique alinhado ao nosso sistema e possa ser ligado de maneira mais fácil aos furos da placa, vamos incliná-lo 90 graus, selecionando-o e acionando o botão ⟲ repetidas vezes, até que atinja a posição desejada – que é o resistor deitado. Em seguida, ligue-o à mesma coluna do lado negativo do LED e, saindo da outra ponta, leve um fio até a porta GND do Arduino. Veja a imagem:

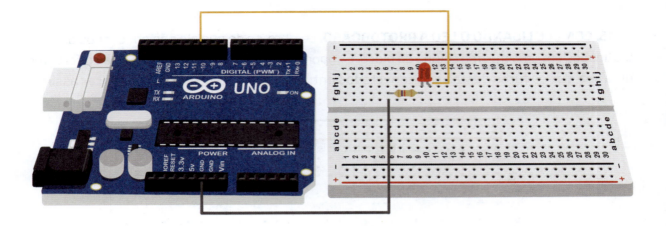

DICA DE OURO: lembre-se de que essas estruturas podem sair de qualquer um dos furos, desde que coincidam com a coluna dos polos do LED. Do mesmo modo, o resultado será igual se o resistor passar pelo lado negativo do LED, até a porta GND do Arduino, ou pelo lado positivo, até a porta 11; de qualquer maneira, ele oferecerá resistência à corrente, reduzindo sua potência.

O circuito está pronto! Agora, vamos montar o código para levá-lo ao Arduino e, então, executá-lo. Você se lembra das "repetições" que aprendemos no Scratch? Na programação tradicional, chamamos esse movimento de "loop", e é esse o comando que aproveitaremos em nossa construção do código. Clique em "Code", no topo da tela, para começar. Você verá uma estrutura em blocos parecida com a do Scratch. Clique no menu suspenso, onde está escrito "Blocks" (ou "Blocos", em português), e escolha "Text" (ou "Texto"). Agora, se perceber, há um código pré-construído, como consequência do que você já montou no sistema. Vamos apagá-lo e iniciar do zero.

a) No topo do código, vamos dar um nome ao projeto e ao autor dele, começando as linhas com "//", assim:

```
1  // Programa: Piscando meu primeiro led
2  // Autor: Estudante X
```

b) Agora, vamos definir as configurações do nosso Arduino, escolhendo a porta 11, que selecionamos para ligar nosso LED, como "porta de saída", permitindo, então, que a informação executada no Arduino chegue até a pequena luz. Para isso, introduza a função *void setup()*. A palavra-chave "Void" especifica que a função construída não trará como retorno nenhum valor ou informação; trata-se apenas de uma informação para a construção do programa. Enquanto isso, "Setup" é a função que permite a configuração do Arduino, ou seja, a determinação de alguns parâmetros. Como vamos indicar que a porta 11 é a de saída do nosso Arduino, desenvolveremos o código assim:

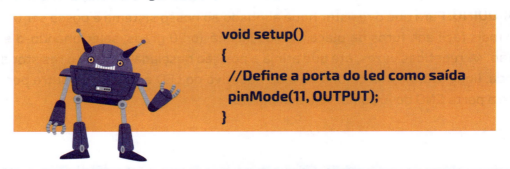

DICA DE OURO: note as chaves { e } antes e depois da configuração. Trata-se de uma marcação para abrir e fechar uma informação no código. Dentro dessas chaves usamos as duas barras // para definir a informação que programaremos no nosso código, a título de identificação, e informamos que o pin 11 (o furo 11) representa a SAÍDA do nosso sistema, ou seja, o "output" dele, com base na construção pinMode(11, OUTPUT).

c) Agora vamos programar, de fato, o Arduino para executar a ação de acender e apagar o LED em um intervalo de tempo específico. Como vimos, vamos utilizar o *void loop*() como porta de entrada para o nosso movimento – uma vez que essa ação de acender e apagar se repetirá em loops, de maneira contínua. O código ficará assim:

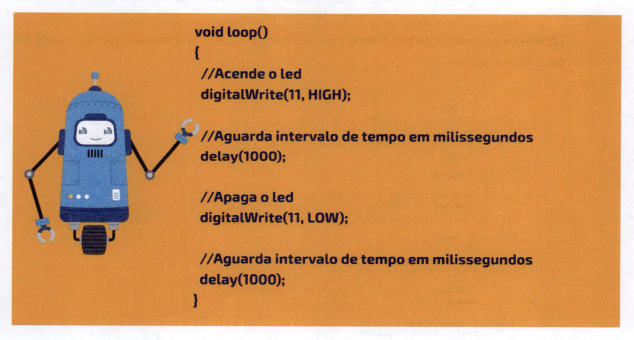

```
void loop()
{
  //Acende o led
  digitalWrite(11, HIGH);

  //Aguarda intervalo de tempo em milissegundos
  delay(1000);

  //Apaga o led
  digitalWrite(11, LOW);

  //Aguarda intervalo de tempo em milissegundos
  delay(1000);
}
```

d) Vamos analisar cada uma das estruturas construídas, depois de abrirmos o bloco loop, com a chave ("{"):

✿ Após indicarmos o movimento de acender o LED ("//Acende o led"), precisaremos dizer que, ao executarmos esse momento do código, o circuito será aberto, e a energia, levada até a lâmpada, o que a deixará acesa (movimento representado por HIGH). A função *digitalWrite(11, HIGH)* escreve um valor HIGH (alto, ligado) para o pino digital configurado como OUTPUT; nesse caso, o LED, que está na casa 11.

✿ Como queremos que o LED fique aceso por determinado tempo, é necessário indicar isso na programação. Assim, após indicarmos o movimento de deixar o LED aceso por certo período (" //Aguarda intervalo de tempo em milissegundos"), precisaremos indicar o tempo específico desse intervalo. O trecho "delay(1000)" aponta que o LED ficará aceso por **1.000 milissegundos**, ou seja, 1 segundo.

✪ Após indicarmos o movimento de apagar o LED ("//Apaga o led"), precisaremos dizer que, ao executarmos esse momento do código, o circuito será fechado, e a energia deixará de ser levada à lâmpada, o que a apagará (movimento representado por LOW). A função digitalWrite(11, LOW) escreve um valor LOW (baixo, desligado) para o pino digital configurado como OUTPUT; nesse caso, o LED, que está na casa 11.

✪ Por fim, como queremos que o LED fique apagado por determinado tempo, é necessário indicar isso na programação. Assim, após indicarmos o movimento de deixar o LED aceso por certo período (" //Aguarda intervalo de tempo em milissegundos"), precisaremos indicar o tempo específico desse intervalo. O trecho "delay(1000)" aponta que o LED ficará apagado por **1.000 milissegundos**, ou seja, 1 segundo.

✪ Nesse momento, feche o loop com a chave ("}"), e o programa estará pronto! Na tela, ficará assim:

```
// Programa: Piscando meu primeiro led
// Autor: Estudante X

void setup()
{
  //Define a porta do led como saida
  pinMode(11, OUTPUT);
}

void loop()
{
  //Acende o led
  digitalWrite(11, HIGH);

  //Aguarda intervalo de tempo em milissegundos
  delay(1000);

  //Apaga o led
  digitalWrite(11, LOW);

  //Aguarda intervalo de tempo em milissegundos
  delay(1000);
}
```

Agora, basta clicar em "Start Simulation" e ver a mágica acontecer! Observe que, quando você inicia a simulação, o cabo USB é ligado à porta; isso significa que, em um sistema físico, é importante que exista uma fonte de energia para o funcionamento do programa. É possível usar baterias ou ligar o USB a um computador ou uma fonte.

Da mesma maneira, o USB será usado pelo programa Arduino IDE (que conheceremos mais adiante) para levarmos o código construído no computador até a placa Arduino Uno. Como estamos lidando com um simulador, tudo é feito automaticamente, mas desafiamos você a reunir esses materiais físicos e construir seu LED com as próprias mãos! Lembre-se de que esses materiais são de baixo custo, e você poderá usá-los em outras criações e produções.

MOMENTO MÃO NA MASSA: transformando o LED em timer

Imagine que você queira transformar o LED em *timer*, ou seja, deixá-lo desligado por um tempo específico e, ao ligá-lo, vê-lo piscar até que você aperte um botão e o desligue por mais um tempo.

Aqui, precisaremos de mais dois materiais: **1 botão** e **1 resistor**, dessa vez de 10 kΩ. A ideia é manter as ligações do LED, mas adicionar o botão ao circuito (ligando-o também à energia, agora de maneira não digital, usando a área "Power" do Arduino, mais especificamente a porta de 5V). A diferença aqui é que, como vamos usar a porta GND para os dois materiais – o LED e o botão –, para simplificarmos o sistema, faremos sair da protoboard apenas um fio até a porta GND, utilizando a barra negativa da placa, representada pela linha cinza com um "-", nas duas bordas dela.

VAMOS POR PARTES

1. A LINHA PRETA, QUE USAMOS PARA LEVAR O POLO NEGATIVO DO LED ATÉ O GND, será levada, dessa vez, até o polo negativo da barra cinza ("-"). Enquanto isso, sairá um fio, da mesma linha da barra cinza, ao lado da ligação que você acabou de fazer, até a porta GND do Arduino. Veja:

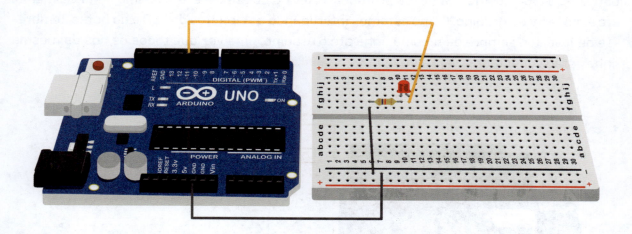

2. O PRÓXIMO PASSO ENVOLVE A ADIÇÃO DO BOTÃO AO SISTEMA. Procure-o na aba "Componentes" ("Pushbutton") e adicione-o à tela. Como o botão tem quatro terminais, vamos conectá-los em pares, dois acima da cavidade central da protoboard e dois abaixo dessa mesma cavidade, a fim de gerarmos continuidade no circuito. Veja:

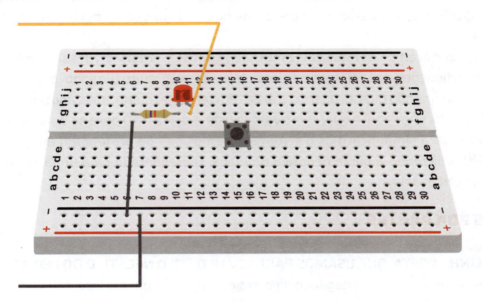

3. AGORA, VAMOS CONECTAR O BOTÃO AO ARDUINO. Primeiro, levaremos um de seus terminais até a porta 5V. Para deixarmos o sistema mais organizado e treinarmos o uso da barra "+", o lado positivo da nossa protoboard, leve o fio até o + e, na mesma linha vermelha, até a porta 5V do Arduino. Como estamos interligando os circuitos do LED e do botão, lembre-se de levá-los sempre da mesma linha até o Arduino, uma vez que todos os fios da mesma linha estão conectados. Veja a imagem:

4. CONECTE, ENTÃO, O OUTRO RESISTOR DE 10 KΩ A OUTRO DOS TERMINAIS, de onde levaremos o botão até uma das portas digitais (a 7, por exemplo) e até a barra cinza, para aproveitarmos a mesma ligação ao GND que fizemos no LED. Lembre-se de respeitar a linha das ligações!

DICA DE OURO: você vai perceber que, para ligar o resistor a um dos terminais (e ainda ganhar espaço para fazer o restante das ligações, respeitando a mesma linha das entradas anteriores), é necessário movimentar todo o sistema para cima (o LED, com seu resistor e suas ligações, e a ligação laranja). Isso não muda nada seu sistema! Então, faça-o para facilitar o trabalho.

Aprender fazendo também é sobre aprender testando, errando e refazendo! Veja como fica, com os ajustes, o resistor ligado ao terminal, o fio azul à porta 7, e o cinza, à barra "-", na mesma direção da ligação feita com o LED:

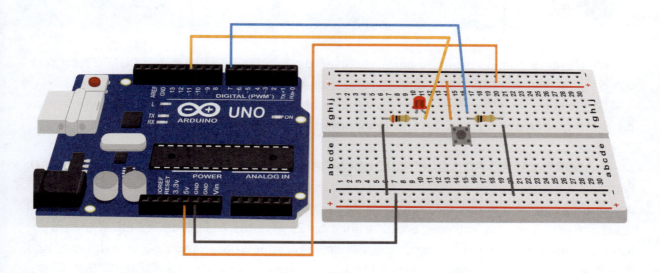

5. COM O SISTEMA PRONTO, VAMOS À PROGRAMAÇÃO, NA ABA CODE DO TINKERCAD. Apague tudo o que fizemos antes e vamos começar do zero, OK? Você vai perceber muitas semelhanças, mas é importante construirmos do zero, para que não haja erros. Antes de tudo, vamos construir algumas variáveis (ou seja, rótulos que, sempre que mencionados, farão referência a algum elemento específico do sistema). Isso facilita bastante o trabalho, tendo em vista que estamos lidando com um sistema bem mais complexo que o anterior. Veja o código:

```
int counter;
int buttonPin = 7;//Define buttonPin no pino digital 7
int ledPin = 11;//Define ledPin no pino digital 11
int estadoButton = 0;//Variável responsável por armazenar o
estado do botão (ligado/desligado)
```

⚙ A variável "counter" indica que haverá um contador (ou seja, um indicativo de repetição de ações) no nosso código.

⚙ A variável "buttonPin" indica que o pino referente ao botão está na porta 7; por isso, buttonPin = 7, uma vez que o sinal de "=" na programação permite a atribuição.

⚙ A variável "ledPin" indica que o pino referente ao LED está na porta 11.

⚙ A variável "estadoButton" é a responsável por indicar o estado do botão (se ligado, HIGH; se desligado, LOW).

6. AGORA, VAMOS CONFIGURAR AS PORTAS DE SAÍDA E ENTRADA, ASSIM COMO FIZEMOS NO SISTEMA ANTERIOR:

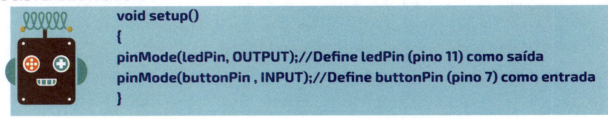

```
void setup()
{
pinMode(ledPin, OUTPUT);//Define ledPin (pino 11) como saída
pinMode(buttonPin , INPUT);//Define buttonPin (pino 7) como entrada
}
```

⚙ Observe que, no primeiro pinMode, usamos a variável ledPin como OUTPUT, ou seja, como saída. Isso significa que o pino 11, referente ao LED, é o de saída do sistema.

⚙ No segundo pinMode, usamos a variável buttonPin como INPUT, ou seja, como entrada. Isso significa que o pino 7, referente ao botão, é o de entrada do sistema.

7. AGORA, VAMOS AO "LOOP", QUE INICIARÁ A REPETIÇÃO DA NOSSA PROGRAMAÇÃO.

Faremos a programação de maneira simples, para entendermos o processo. A ideia é: sempre que o botão for acionado, uma contagem de 25 minutos terá início. Após esse período, o LED acenderá por 5 minutos e, depois, apagará por mais 25 minutos. Mais uma vez, ele acenderá por 5 minutos e, depois, apagará de vez, aguardando, então, que o botão seja acionado de novo. Isso significa que a ação de apagar, acender e apagar deverá ser repetida duas vezes. Veja:

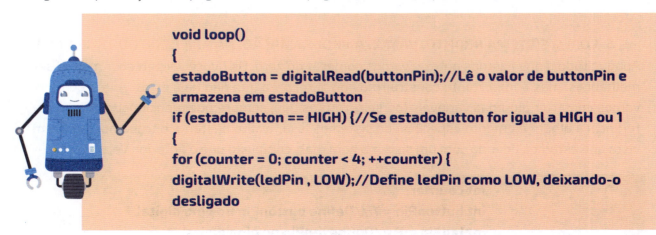

```
void loop()
{
estadoButton = digitalRead(buttonPin);//Lê o valor de buttonPin e armazena em estadoButton
if (estadoButton == HIGH) {//Se estadoButton for igual a HIGH ou 1
{
for (counter = 0; counter < 4; ++counter) {
digitalWrite(ledPin , LOW);//Define ledPin como LOW, deixando-o desligado
```

```
delay(1500000);//Intervalo de 1500000 milissegundos
digitalWrite(ledPin , HIGH);//Define ledPin como HIGH, ligando o LED
delay(300000);//Intervalo de 300000 milissegundos
digitalWrite(ledPin, LOW);
 }
}
 }
}
```

VAMOS DETALHAR O CÓDIGO?

🔅 Antes de qualquer coisa, é importante definir uma variável: "estadoButton", que se refere à leitura encontrada no botão (se ele está pressionado ou não). Desse modo, define-se que estadoButton é igual à leitura digital de buttonPin.

🔅 Agora, utilizamos a estrutura "if", que dá origem a uma ação condicional – "se" o botão for pressionado, ou seja, se o estado do botão for lido como HIGH (pressionado), algo acontece. Tudo o que virá após essa estrutura "if" acontecerá, então, quando o botão pressionado for reconhecido pelo sistema. Veja:

primeiro, o LED ficará desligado (LOW) por 1.500.000 milissegundos, ou seja, por 25 minutos. Por isso, haverá "delay" de 1.500.000 milissegundos;

depois, o mesmo LED ficará ligado (HIGH) por 300.000 milissegundos, ou seja, por 5 minutos. Por isso, haverá "delay" de 300.000 milissegundos;

por fim, o LED apagará novamente, sem tempo específico, ou seja, para sempre, até que o sistema se repita ou o botão seja acionado outra vez.

🔅 Como queremos que essa estrutura se repita duas vezes (afinal, no sistema que queremos construir, é importante que o movimento "desligado, ligar, desligar, ligar novamente e desligar de novo" seja executado, pelo menos, uma vez), acrescentaremos ao início desse bloco de repetições, assim como vimos no Scratch, um bloco "counter", que gerará uma repetição de quantas vezes a definirmos (já que "counter" refere-se a uma contagem). No nosso código, for (counter = 0; counter < 2; ++counter) significa que haverá contagem de 0 a 2, ou seja, todo o bloco de ações que definimos se repetirá por duas vezes.

DICA DE OURO: perceba que todo novo "bloco" adicionado ao nosso sketch (sistema) precisa ser aberto e fechado, a fim de que seja, de fato, um bloco de ações. A abertura, então, será feita com a chave aberta ("{"), e o fechamento, com a chave fechada ("}"). Por isso, há tantas chaves no fim do nosso código; é necessário deixar tudo fechado e amarrado para que o sistema funcione, ou haverá erros.

No fim, seu código ficará assim:

```
// Programa: Meu primeiro timer
// Estudante: X

int counter;

int buttonPin = 7;//Define buttonPin no pino digital 7
int ledPin = 11;//Define ledPin no pino digital 11
int estadoButton = 0;//Variável responsável por armazenar o estado do botão (ligado/desligado)

void setup()
{
  pinMode(ledPin, OUTPUT);//Define ledPin (pino 11) como saída
  pinMode(buttonPin , INPUT);//Define buttonPin (pino 7) como entrada
}
void loop()
{
  estadoButton = digitalRead(buttonPin);//Lê o valor de buttonPin e armazena em estadoButton
  if (estadoButton == HIGH) {//Se estadoButton for igual a HIGH ou 1
    {
    for (counter = 0; counter < 4; ++counter) {
    digitalWrite(ledPin , LOW);//Define ledPin como LOW, deixando-o desligado
    delay(1500000);//Intervalo de 1500000 milissegundos
    digitalWrite(ledPin , HIGH);//Define ledPin como HIGH, ligando o LED
    delay(300000);//Intervalo de 300000 milissegundos
    digitalWrite(ledPin, LOW);
    }
  }
  }
}
```

Agora, execute-o, pressione o botão (com o mouse, mesmo) e veja a mágica acontecer! O LED ficará apagado por 25 minutos; depois, acenderá por 5 minutos; em seguida, apagará por mais 25 minutos, acenderá por mais 5 minutos e apagará de vez, até que o botão seja pressionado novamente. Está pronto!

Você pode não ter percebido, mas acabou de criar um **timer** de execução da famosa técnica de estudos e de trabalho chamada **Pomodoro**! Você a conhece?

Lembra-se de que fizemos uma sugestão envolvendo a técnica Pomodoro na primeira atividade de programação desplugada?

Essa técnica é o modelo de organização de tempo perfeito para quem tem dificuldade de colocar suas tarefas em prática. Ela consiste em um revezamento de atividades com períodos de descanso, de modo que o indivíduo possa se concentrar melhor nos blocos de atividade, que são mais curtos, e relaxar um pouco em pequenos intervalos de tempo.

SAIBA MAIS

A técnica Pomodoro foi criada no fim dos anos 1980 pelo italiano Francesco Cirillo, que tinha muita dificuldade com a produtividade e a concentração nos primeiros anos de universidade. Para resolver isso, ele usou um timer de cozinha para organizar suas tarefas. Como o timer tinha o formato de um tomate (*pomodoro*, em italiano), a técnica ganhou esse nome. O modelo de produtividade consistia em um timer de 25 minutos, com um barulho forte no fim, que sinalizava a necessidade de um período de descanso – que, em geral, é de 5 minutos. A cada três ciclos de 25 minutos com 5 minutos de descanso, o período de relaxamento pode ser maior, de 15 a 20 minutos, e depois o ciclo se inicia novamente. Nesses 25 minutos, o italiano comprometia-se a manter a concentração máxima, obtendo resultados satisfatórios e divulgando sua técnica em 1992.

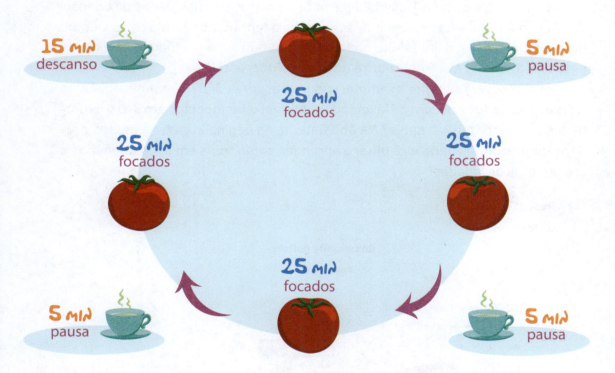

DESAFIE-SE!

No Tinkercad, programamos quatro ciclos de 25 minutos com o LED apagado, mais 5 minutos com o LED aceso, avisando que seria a hora de parar. Na última parada, você pode aproveitar e ampliar o tempo para mais 10 ou 15 minutos. Pronto, você tem um medidor de técnica Pomodoro nas mãos!

SAIBA MAIS

Um software como o Tinkercad permite inúmeras possibilidades de criação. Você pode mergulhar em suas outras funções e tentar criar várias coisas. Como diz o ditado, o céu é o limite! Busque na internet outras sugestões de atividades e tente realizá-las. Você descobrirá um mundo diferente!

Você já ouviu falar, por exemplo, nas impressoras 3-D? São uma excelente ferramenta do futuro! Com o Tinkercad, é possível criar modelos em 3-D e exportá-los para imprimi-los, sabia? Na aba Galeria, na página inicial, há muitos projetos interessantes para você olhar e aprender, como trens em 3-D, luminárias e até projetos de cidades!

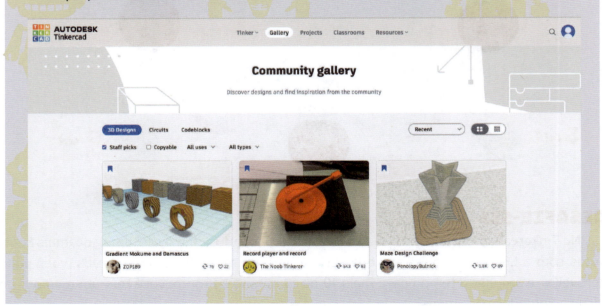

RESPONDA PARA AVANÇAR PARA A PRÓXIMA ETAPA E GANHAR UMA DICA PARA SEU PROJETO DE VIDA

A plataforma Tinkercad possibilita que pessoas sem conhecimento prévio de programação consigam desenvolver projetos simples e até mais complexos? A plataforma contribui com diversos profissionais que não têm conhecimento aprofundado de programação?

Você percebeu quantas habilidades e saberes precisou mobilizar durante a realização das atividades com o Tinkercad? Você precisou mobilizar a capacidade de organização e classificação, a de identificação de causas e soluções, o pensamento sistêmico, o raciocínio lógico, entre outras. Percebe todo o repertório de habilidades e saberes que está construindo em seu projeto de vida, mais especificamente para o mundo do trabalho? Não deixe de registrar os desafios, as percepções, os sentimentos, entre outros, ao realizar as atividades. O registro e a análise contribuirão para o seu processo de autoconhecimento e autodesenvolvimento.

DESAFIE-SE!

Antes de irmos para a próxima etapa, que tal se desafiar? Que tal explorar mais um pouco a ferramenta Tinkercad, criando novas funcionalidades com base nos aprendizados adquiridos? Reúna os amigos e mão na massa!

Resposta: Sim.

 **ARDUINO**

A placa Arduino é um conjunto constituído de hardware e software, desenvolvido na Itália em 2005 para o ensino de programação para estudantes sem conhecimento e domínio em programação e eletrônica.

Como vimos no exercício anterior, o Arduino é responsável por receber códigos e alimentar sistemas, de modo que seja possível programar e trabalhar a eletrônica sem muita dificuldade. Basicamente, como vimos no Tinkercad, utilizando alguns outros materiais ligados à placa, é possível fazer funcionar luzes, sensores e até motores. Tudo isso é alimentado pela programação de um software gratuito chamado Arduino IDE, no qual a programação é realizada, e, depois, o código é enviado para a placa por meio do USB, de modo que seja possível executá-lo no sistema criado.

Depois de termos feito a atividade anterior, é provável que você já tenha conhecido algumas funções básicas da placa Arduino. Agora vamos detalhar algumas delas um pouco mais, a fim de criar novas atividades e até novos trabalhos não englobados neste livro.

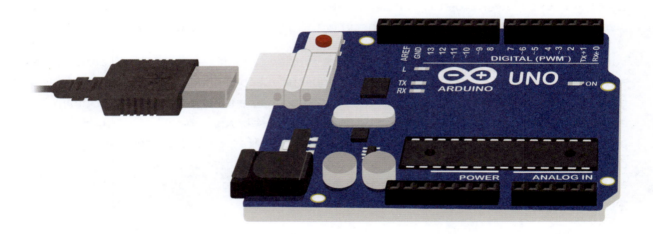

✺ O USB à esquerda, como já vimos, tem duas funções: primeiro, alimentar o Arduino com energia. É possível, ainda, na parte de baixo, também à esquerda, ligar uma bateria à placa. A ideia é fazê-lo funcionar, executar o código e enviar a energia necessária aos elementos ligados a ele. Além disso, o USB é utilizado para levar o código construído no software IDE até a placa; basta finalizá-lo e clicar, no software, no botão ➡ (que conheceremos mais adiante) para fazer o "upload" do código.

56

⚙ O botão vermelho é responsável por "resetar" o conteúdo da placa, de modo que seja possível fazer o upload de novos códigos.

⚙ Na parte de baixo, no lado "power" da placa, vemos todos os pinos que levam energia para fora dela (para um botão, por exemplo, como vimos na atividade). Há, além deles, duas entradas Ground ("terra"), que fecham os circuitos.

⚙ No lado "analog in" da placa, há seis entradas "analógicas" – aquelas utilizadas para medir grandezas e as quais podem assumir grandezas infinitas em uma faixa de valores. É possível, por exemplo, medir temperaturas bem específicas, como 12,5 ºC, e até umidade.

⚙ Na parte superior da placa, há uma série de pinos digitais. Diferentemente das entradas analógicas, os pinos digitais têm valores mais definidos, traduzidos, em geral, em nível alto e baixo. É como um relógio digital: raramente, nesses aparelhos, há contagem em segundos; os relógios mudam a interface de minuto a minuto e de hora em hora, certo? Da mesma maneira, os pinos digitais não leem números tão específicos e variados em uma mesma faixa, como as entradas analógicas. Note que há, também, neste lado, o pino Ground (GND).

DICA DE OURO: a definição de um pino como sendo de entrada ou saída em um circuito depende de você e de sua programação. No momento de construir o código, cabe a você, programador, definir se o pino digital 11, por exemplo, será de entrada ou saída em um circuito.

 MOMENTO MÃO NA MASSA: criando uma ferramenta Pomodoro de verdade

Esta atividade é para você fazer sozinho. Topa o desafio?

Você vai aproveitar todas as instruções apresentadas na atividade anterior, com o botão e o LED, e construí-la usando uma placa Arduino física e outros materiais igualmente físicos. Que tal?

Nossa próxima atividade mão na massa vai ajudar você a seguir seu planejamento de estudos e experimentar vivências de uma profissão!

Na atividade anterior, aprendemos a programar um *timer*, um cronômetro virtual, no Tinkercad. Agora, vamos programá-lo fisicamente, até porque você precisa desse objeto quando estiver estudando, certo? Então, vamos criar uma ferramenta Pomodoro de verdade!

MATERIAIS NECESSÁRIOS

- 1 placa Arduino Uno.
- Computador com acesso à internet.
- 1 LED (da cor que preferir).
- 2 resistores, um de 220 Ω e outro de 10 kΩ.
- 1 botão de chave 4 pinos para Arduino.
- 3 jumpers macho/macho de cores diferentes.
- Software Arduino IDE, disponível em: https://www.arduino.cc/en/software (acesso em: 18 set. 2023).

PASSO A PASSO

Como já conhecemos todos os passos, aprenderemos aqui, apenas, a colocar o código no Arduino IDE e enviá-lo à sua placa.

O Arduino IDE é o programa no qual você pode programar o código que deseja executar e enviá-lo à placa física, de modo que seja possível acionar aquilo que você deseja. A interface é semelhante a esta:

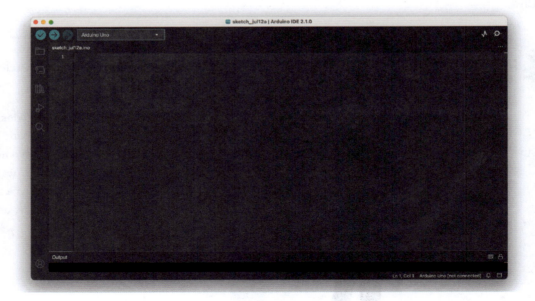

O trabalho é simples aqui: se houver algo escrito no espaço de elaboração do código, basta apagar e escrever, do zero, o código que programamos anteriormente. A tela ficará assim:

```
// Programa: Meu primeiro timer
// Estudante: X

int counter;

int buttonPin = 7;//Define buttonPin no pino digital 7
int ledPin = 11;//Define ledPin no pino digital 11
int estadoButton = 0;//Variável responsável por armazenar o estado do botão (ligado/desligado)

void setup()
{
  pinMode(ledPin, OUTPUT);//Define ledPin (pino 11) como saída
  pinMode(buttonPin , INPUT);//Define buttonPin (pino 7) como entrada
}
void loop()
{
  estadoButton = digitalRead(buttonPin);//Lê o valor de buttonPin e armazena em estadoButton
  if (estadoButton == HIGH) {//Se estadoButton for igual a HIGH ou 1
  {
    for (counter = 0; counter < 4; ++counter) {
      digitalWrite(ledPin, LOW);//Define ledPin como LOW, deixando-o desligado
      delay(1500000);//Intervalo de 1500000 milissegundos
      digitalWrite(ledPin, HIGH);//Define ledPin como HIGH, ligando o LED
      delay(300000);//Intervalo de 300000 milissegundos
      digitalWrite(ledPin, LOW);
  }
}
```

Antes de enviar o código ao Arduino, é importante verificar se a placa selecionada no topo da tela é, de fato, a Arduino Uno. Se não for, no menu do próprio programa (aquele que fica na barra de ferramentas do computador), você deve clicar em "Tools", depois em "Board" e em "Arduino AVR Boards" e selecionar "Arduino Uno". Agora, sim, você pode enviar o código à placa, clicando no botão de "upload", o ⮕. Lembre-se de ligar o Arduino à porta USB do computador antes disso, é claro!

Com o código no Arduino, basta mantê-lo ligado ao computador, pelo USB, ou a uma bateria, na entrada de energia que vimos, e a mágica acontecerá ao apertar o botão!

VAMOS RESPONDER A MAIS UM QUIZ E AVANÇAR PARA A PRÓXIMA ETAPA? NÃO DEIXE DE LER A DICA PARA O SEU PROJETO DE VIDA!
Podemos afirmar que o Arduino é uma plataforma de código aberto para prototipagem eletrônica que possibilita o desenvolvimento de projetos com baixo custo e praticidade?

Resposta: Sim.

DICA PARA A CONSTRUÇÃO DO PROJETO DE VIDA

As atividades com programação e robótica têm proporcionado experiências novas? Você tem identificado interesses e habilidades que não conhecia? Seja a resposta "sim" ou "não", o objetivo é alertá-lo de que o projeto de vida não é uma construção definitiva. À medida que você vivencia momentos, realiza reflexões, faz análises, vai se autoconhecendo, seus interesses podem mudar – ou melhor, ser descobertos, refinados. E esse é um caminho natural, que deve existir. É por isso que o projeto de vida é tão importante: para uma reflexão consciente sobre sua vida, seu propósito e significado.

INTERNET DAS COISAS, CASA E CIDADE INTELIGENTES E O MUNDO DO TRABALHO

A Internet das Coisas, ou simplesmente IoT, são sistemas inteligentes interconectados, que carregam em si um hardware, embarcados em objetos por meio da internet, criando várias possibilidades.

Podemos afirmar que a IoT é um campo multidisciplinar, pois a construção de um sistema embarcado conectado a uma rede necessita de pessoas com conhecimentos multidisciplinares para a compreensão do contexto de cada projeto e das melhores soluções.

Em um mundo hiperconectado, os sistemas digitais podem gravar, monitorar e ajustar cada interação entre itens conectados – eletrodomésticos, carros, termostatos, babás eletrônicas –, onde o mundo físico encontra o mundo digital, e ambos trabalham em conjunto.

Alguns fatores recentes têm possibilitado o avanço da IoT: acesso à tecnologia de sensores de baixo custo e baixa potência; melhores condições de conectividade; plataformas de computação na nuvem; avanços em *machine learning* e análise avançada, além do acesso a quantidades grandes e variadas de dados armazenados na nuvem; inteligência artificial (IA) conversacional, como as assistentes pessoais digitais Alexa, Cortana e Siri.

O avanço da IoT tem proporcionado, cada vez mais, inteligência às residências e às cidades, o que vai além de oferecer mais conforto e praticidade. Por exemplo, por meio de aparelhos de TV conhecidos como *smart*, é possível acessar canais da internet, como YouTube, ou plataformas de streaming, como Netflix e Google Play. Essa tecnologia é capaz de contribuir com problemas sociais e ambientais presentes nas cidades, proporcionando segurança, acessibilidade e sustentabilidade. Por exemplo, muitas regiões do país dispõem de sensores para ajudar as pessoas a compreender e a monitorar o meio ambiente.

VOCÊ JÁ OUVIU O TERMO CIDADES INTELIGENTES? SABE O QUE SIGNIFICA?

As cidades inteligentes, ou *smart cities*, são centros que conseguem alinhar os avanços tecnológicos com o progresso social e ambiental, por meio das tecnologias digitais e disruptivas. O objetivo dessas urbanizações é proporcionar aos cidadãos uma melhor qualidade de vida. Assim, as cidades consideradas inteligentes são as que fazem uso estratégico de infraestrutura, serviços, informação e comunicação com o planejamento e a gestão urbana necessários, dando resposta às necessidades sociais e econômicas da sociedade (PUCRS Online, 2021).

O conceito de cidades inteligentes discutido por estudiosos e profissionais surgiu na década de 1980, embora ainda para locais avançados e complexos. Atualmente, estudos e discussões têm como objetivo responder aos desafios e à visão transformadora das zonas urbanas.

Um desafio cada vez mais presente das cidades inteligentes é melhorar a infraestrutura, a eficiência, a conveniência e a qualidade de vida de residentes e visitantes.

Há vários exemplos de tecnologias que compõem uma cidade inteligente:

SEMÁFOROS CONECTADOS QUE RECEBEM DADOS DE SENSORES E CARROS, respondendo ao tráfego em tempo real e reduzindo o congestionamento nas estradas.

MOBILIDADE URBANA PARA PESSOAS COM DEFICIÊNCIA VISUAL: pedido de embarque realizado por meio de um recurso tecnológico. Por intermédio um Centro de Controle Operacional, um aviso chega ao motorista para que pare onde está a pessoa com deficiência visual.

LATAS DE LIXO INTELIGENTES que enviam dados automaticamente para empresas de gerenciamento de resíduos e agendam a coleta, conforme necessário.

Como a IoT vem avançando a passos largos, os profissionais que atuam nessa área também são requisitados cada vez mais. Na maioria, precisam ter habilidades como análise de dados; sistemas de rede; interface de usuário; hardware e dispositivos; sensores e atuadores; inteligência artificial.

VOCÊ SABE QUAIS SÃO AS PRINCIPAIS PROFISSÕES QUE ATUAM COM A IOT?

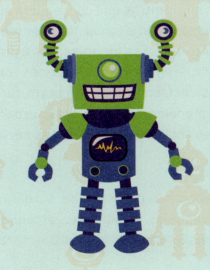

- administrador de sistemas IoT;
- analista de dados;
- arquiteto de infraestrutura IoT;
- desenvolvedor de aplicativos;
- desenvolvedor de plataforma;
- desenvolvedor de software em nuvem;
- engenheiro cibernético;
- engenheiro de testes;
- especialista em Big Data;
- especialista em segurança da informação.

Chico, já que estamos mergulhados na Internet das Coisas e queremos nos preparar para as profissões do futuro, vamos colocar a mão na massa e criar uma solução de casa inteligente?

Opa! Só se for agora.

 MOMENTO MÃO NA MASSA: sistema de irrigação inteligente com Arduino

Agora, vamos deixar nossas atividades um pouco mais complexas, desta vez com um projeto de irrigação inteligente usando o Arduino! Parece difícil, mas, se trabalharmos com bastante calma, conseguiremos um resultado bem interessante! No futuro, imagine que você precise trabalhar com algo assim. É importante saber fazê-lo desde o início, certo? Vamos lá?

MATERIAIS NECESSÁRIOS

- 1 Arduino Uno R3.
- 1 bateria de 9V.
- 1 conector de bateria de 9V.
- 3 LEDs: um amarelo, um vermelho e um verde.
- 1 sensor de umidade de solo para Arduino.
- 1 válvula de vazão de água solenoide 110V.
- 1 módulo relé de 5V.
- 1 protoboard.
- 1 kit de jumpers.
- 3 resistores 220 ohms.
- 1,5 metro de mangueira para aquário.
- 1 garrafinha PET cheia de água.
- 1 vaso com a planta que você pretende irrigar.

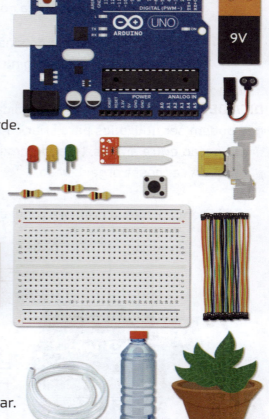

63

PASSO A PASSO

A ideia do nosso sistema é simples, mas exige algumas etapas e ligações que já conhecemos e outras ainda novas. Basicamente, ao colocarmos um sensor de umidade no solo, uma leitura do nível de umidade é feita de tempos em tempos, e, com base nela, uma válvula de vazão é acionada para puxar água de algum reservatório – neste caso, uma garrafinha que utilizaremos no sistema, mas também pode ser um aquário!

1. VAMOS COMEÇAR PELAS LIGAÇÕES DO SENSOR de umidade do solo ao Arduino, para, depois, enterrá-lo na terra do vaso de planta que vamos irrigar.

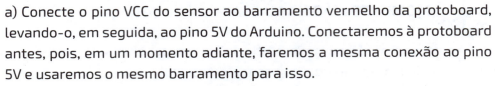

a) Conecte o pino VCC do sensor ao barramento vermelho da protoboard, levando-o, em seguida, ao pino 5V do Arduino. Conectaremos à protoboard antes, pois, em um momento adiante, faremos a mesma conexão ao pino 5V e usaremos o mesmo barramento para isso.

b) Conecte o pino GND do sensor ao barramento preto, negativo, da placa protoboard, para levá-lo, depois, ao pino GND do Arduino. Em seguida, conectaremos outros jumpers a essa mesma entrada GND; por isso, já deixaremos a conexão feita no barramento negativo, para facilitar as próximas.

c) Conecte o pino de sinal ("SIG") do sensor a um pino digital do Arduino. Vamos colocá-lo no pino 8.

DICA DE OURO: como há duas extremidades com os barramentos vermelho e preto – que podem ser utilizados para criar conexões com as mesmas portas –, vamos criar uma ligação entre ambos, levando um jumper de uma extremidade à outra da placa para favorecer nossa organização.

Veja como fica essa primeira conexão do sensor:

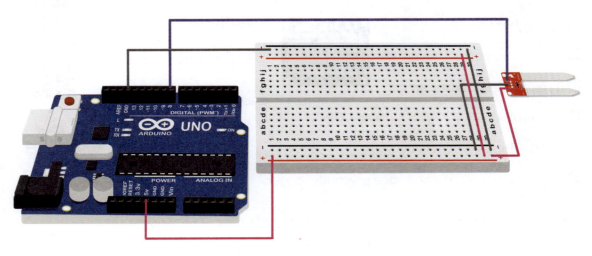

DICA DE OURO: lembre-se sempre de utilizar jumpers com cores diferentes para facilitar o reconhecimento das ligações!

2. AGORA, VAMOS CONECTAR OS LEDS AO ARDUINO, passando, também, pelos resistores que reunimos.

a) Conecte o terminal positivo do LED vermelho (aquele que tem a haste torta e mais longa) ao pino digital 5 do Arduino.

b) Conecte o terminal negativo a um resistor de 220 ohms e a outra extremidade do resistor ao barramento preto superior (o que, como vimos, o levará ao GND).

c) Repita o processo para o LED amarelo, conectando-o ao pino digital 6 e ao GND do Arduino.

d) Repita o processo para o LED verde, conectando-o ao pino digital 7 e ao GND do Arduino.

DICA DE OURO: utilizar jumpers nas cores dos LEDs pode ajudar você a reconhecê-los no sistema! Lembre-se também de modificar as cores dos LEDs ao colocá-los na tela de montagem do sistema e de definir os resistores como 220 ohms!

Após essas ligações, suas conexões deverão estar assim:

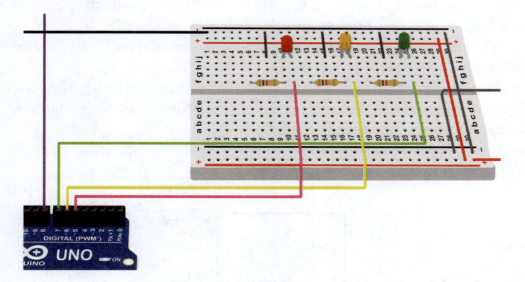

3. O PRÓXIMO PASSO SERÁ CONECTARMOS O MÓDULO RELÉ AO ARDUINO.

a) Conecte o pino VCC (ou +) do relé ao barramento vermelho, na parte inferior da protoboard, a fim de o levarmos, também, até o pino 5V do Arduino.

b) Conecte o pino GND (ou –) do relé ao barramento preto inferior, para que possamos levá-lo até o pino GND do Arduino.

c) Conecte o pino de controle do relé, o último dos três (marcado por um "S"), ao pino digital 12 do Arduino.

Suas ligações entre o módulo relé e o Arduino deverão ficar assim:

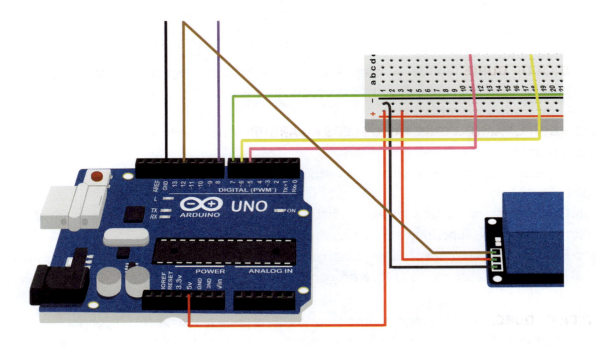

4. AGORA, VAMOS FAZER AS LIGAÇÕES PARA A VÁLVULA SOLENOIDE AO RELÉ E A UMA TOMADA DE 110V.

a) Ligue um dos fios do plugue da tomada (o quadrado verde, na ilustração) ao pino central do relé, identificado como COMUM ou COM.

b) Ligue o outro fio do plugue da tomada diretamente a um dos terminais da válvula solenoide (o objeto amarelo e cinza da ilustração).

c) Ligue o plugue restante da válvula solenoide ao outro pino do relé, o NO ou NORMALLY OPEN ("Normalmente aberto"). Esse plugue funciona como uma espécie de interruptor, acionando a válvula para abri-la e permitir a passagem da água.

Essas conexões ficarão deste modo:

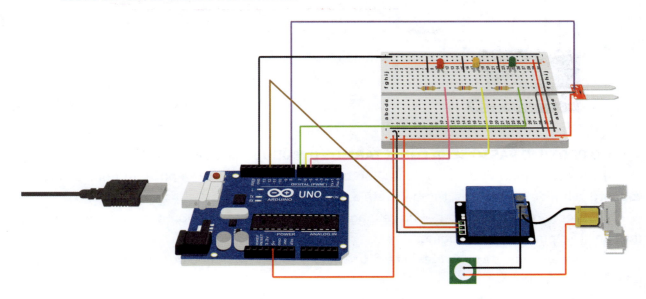

5. POR FIM, VAMOS CONECTAR O ARDUINO A UMA BATERIA; afinal, não queremos deixá-lo ligado a um USB para irrigar a planta, certo? Assim, conecte o conector de bateria de 9V à entrada de alimentação do Arduino. Conecte o polo positivo (+) ao pino VIN do Arduino, e o negativo (–), ao GND do Arduino.

Veja, a seguir, como ficará a ligação:

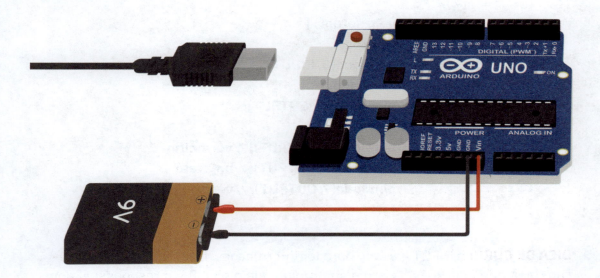

Seu sistema está pronto! Agora, basta colocar um pedaço da mangueira na garrafa de água e o outro no solo da planta; assim, quando a válvula for liberada e aberta, a água passará de um ao outro, até que a umidade esteja como desejada!

PROGRAMAÇÃO

Para tornarmos esse sistema viável, precisamos programá-lo. É bem simples, e vamos usar, inclusive, passos que conhecemos em outras atividades. Primeiro, vamos conhecê-lo por completo e, depois, detalhá-lo.

1. Antes de tudo, abra o Arduino IDE, que conhecemos em outra atividade, e, se algum código estiver nele, apague-o para começar. Lembre-se de verificar, no menu Tools/Board/Arduino AVR Boards, se a placa Arduino Uno está selecionada.

2. Primeiro, dê um nome ao *sketch*, ao seu projeto de código. Vamos chamá-lo de "Meu primeiro sistema de irrigação inteligente". Você pode fazer isso logo no início do código, como vimos em outros exercícios.

3. Vamos começar determinando duas variáveis para armazenar a leitura do sensor. Digite:

```
bool leituraSensor;
bool leituraAnterior;
```

4. Configure algumas portas, informando ao Arduino onde estão o sensor, a solenoide (atuador) e os LEDs. Assim:

```
void setup() {
// Sensor
pinMode(8, INPUT);
//Atuador
pinMode(12, OUTPUT);
//LEDs
pinMode(5, OUTPUT); //vermelho
pinMode(6, OUTPUT); //amarelo
pinMode(7, OUTPUT); //verde
}
```

DICA DE OURO: o INPUT é usado para ler informações. Isso significa que o trecho "pinMode(8, INPUT)" informa ao Arduino que o pino 8 é o responsável por receber as informações do sensor. De maneira similar, o OUTPUT leva informações para fora do Arduino, ou seja, "pinMode(12, OUTPUT)" informa que o pino 12 é o responsável por levar as informações lidas pelo Arduino para fora dele – no caso, para a válvula solenoide, o atuador. As portas 5, 6 e 7, então, serão as responsáveis por levar informações do Arduino aos LEDs, ligando-os.

5. Vamos programar o funcionamento do sistema em si, em "loop", como já aprendemos a fazer. Vamos por partes:

```
void loop() {
```

a) Primeiro, o Arduino lerá em "loop", constantemente, a porta 8, onde o sensor está ligado. É ele quem vai ler a umidade do solo com frequência e informar ao Arduino. Ficará deste modo:

```
leituraSensor = digitalRead(8);
```

b) Agora, vamos criar uma condição ("if") com base na variável "leituraSensor", ou seja, dependendo dos valores apresentados pelo sensor – se a terra está úmida ou não –, o sistema agirá de maneira específica:

⚙ se a variável receber o valor "ligado" (ou seja, "HIGH"), isso significará que o solo estará no "estado seco"; então, o LED vermelho será ligado ("HIGH"), e o verde, desligado ("LOW").

⚙ se a variável não receber o valor "HIGH", ligado ("else"), o solo estará no "estado úmido"; então, o LED vermelho se manterá apagado ("LOW"), e o verde ficará aceso ("HIGH").

Veja:

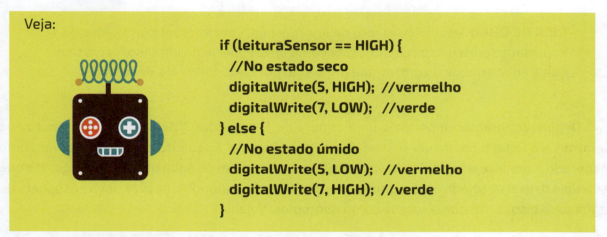

```
if (leituraSensor == HIGH) {
  //No estado seco
  digitalWrite(5, HIGH);  //vermelho
  digitalWrite(7, LOW);   //verde
} else {
  //No estado úmido
  digitalWrite(5, LOW);   //vermelho
  digitalWrite(7, HIGH);  //verde
}
```

c) Quando o sistema entrar no "estado seco", vamos criar mais uma condição ("if"), ou seja, as ações que se seguirão só acontecerão para **comparar** a leitura do sensor com a leitura anterior, a fim de aproximá-las, até que tenham o mesmo valor. Por isso, usaremos os sinais de "comparação", representado pela exclamação antes de "leituraAnterior" ("!"), e de "soma", representado por "&&". Ocorrerá, então, uma série de ações, a fim de gerar a transição de uma desigualdade até uma igualdade entre as duas leituras. Veja:

⚙ Primeiro, vamos programar uma espera de 5 segundos ["delay(5000)"] para que o LED amarelo acenda; assim, evitaremos que o sistema entre em modo de irrigação imediato ao reconhecer, por exemplo, que o solo está na iminência de ficar seco. Desse modo, o LED e a válvula só agirão quando houver certeza de que o solo precisa ser umedecido, após 5 segundos no estado seco.

⚙ Agora, o LED vermelho ficará apagado, e o amarelo, aceso, representando o momento em que a solenoide estará levando água até o solo da planta.

```
//Ao entrar no estado seco
if (leituraSensor && !leituraAnterior) {
delay(5000);
digitalWrite(5, LOW);   //vermelho
digitalWrite(6, HIGH);  //amarelo
```

d) Por fim, a programação entrará em uma repetição de ações enquanto o estado do solo estiver seco ("while"), levando a água até o solo, até que os dois valores (de leitura do sensor e da leitura anterior) se igualem. A partir daí:

- o relé ligará ["digitalWrite(12, HIGH);"] e, por sua vez, ligará a solenoide, permitindo a passagem da água;

- programaremos uma espera de 1 segundo ["delay(1000)"];

- o relé desligará ["digitalWrite(12, LOW);"] e, por sua vez, desligará a solenoide, parando a passagem de água.

> **DICA DE OURO:** esse movimento de liga/desliga, com intervalo de 1 segundo, é importante para que o relé funcione como uma espécie de impulso, permitindo que a água chegue da garrafinha até o solo por certo intervalo de tempo.

Depois, programaremos mais uma espera de 5 segundos ["delay(5000)"], e uma nova leitura será feita, a fim de ver o nível de umidade do solo. Enquanto ainda não estiver como esperado – por isso o "while" –, haverá mais uma passagem de água por 0,5 segundo, até que se atinja o nível desejado. Isso significa que, de 10 em 10 segundos, haverá nova passagem de água para o solo, até que ele fique como queremos. Veja:

```
while (digitalRead(8)) {
digitalWrite(12, HIGH);   //rele / válvula / solenoide / bomba
delay(1000);
digitalWrite(12, LOW);   //rele / válvula / solenoide / bomba
delay(5000);
}
```

e) Quando, então, o sistema perceber que o solo está úmido conforme o esperado, o LED amarelo poderá ser apagado, e novas leituras serão feitas, até que o solo atinja o estado seco novamente. Veja:

```
digitalWrite(6, LOW);  //amarelo
}

leituraAnterior = leituraSensor;
}
```

Está pronto nosso programa! Agora, tudo o que você precisa fazer é o que já aprendeu: clicar na seta ➡ para enviar o comando ao Arduino, já ligado por USB ao computador, e executá-lo, testando e verificando se está tudo como planejado. Ao final, o sistema ficará assim:

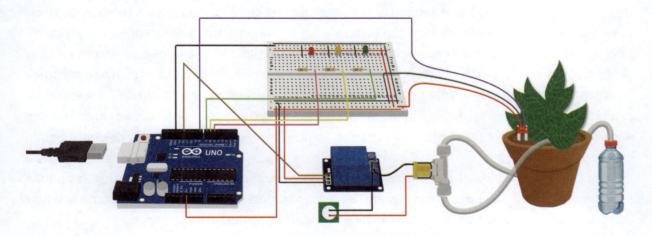

DESAFIE-SE!

Aproveite e faça um sistema desses para presentear alguém ou use seus conhecimentos para fazer um na escola e/ou na comunidade!

Viu como podemos usar o Arduino para várias soluções inteligentes?

Chico, como foi criar um sistema de irrigação inteligente? Achei fantástico criar algo útil, de baixo custo, que ainda promove economia de água e energia.

Nina, tive a mesma sensação. E de uma atividade simples você pode melhorar e até criar um sistema de automação residencial completo. As possibilidades são inúmeras! A única coisa que limita seu projeto é você mesmo!

Falou tudo, Chico! Vamos responder a mais uma pergunta para avançar para a próxima e última etapa? Ah, e ganhar uma dica para seu projeto de vida!

A IoT pode oferecer soluções a pessoas com deficiência, promovendo inclusão social e econômica e mais qualidade de vida?

Resposta: Sim.

DICA PARA A CONSTRUÇÃO DO PROJETO DE VIDA

Estamos chegando ao fim do nosso percurso nesta obra, mas seu projeto de vida não termina aqui, combinado?! Este livro é o pontapé inicial de experimentações, autoconhecimento, desenvolvimento, reflexões e registros importantes que contribuirão para a tomada de decisões mais assertivas. Não há certo ou errado, mas é fundamental a construção de um caminho sustentável, com propósitos ancorados em uma vida integral, que não se resuma a uma profissão. Quanto impacto positivo temos observado e experienciado até aqui, não é mesmo? Quantas transformações e impactos positivos você pode promover, por meio de suas escolhas profissionais, a si mesmo, à sua família, ao seu entorno, ao mundo? Pense nisso! Quais valores são inegociáveis? Você tem um propósito? Sabe o que isso significa? Propósito de vida é aquilo que nos motiva a realizar coisas. É como se fosse uma bússola que orienta nossas escolhas e nossos caminhos. Por exemplo, um médico tem como propósito promover a saúde, não apenas tratar a doença de seus pacientes. Assim, as escolhas desse profissional, o modo de atender aos pacientes, entre outras ações, serão direcionadas à promoção da saúde.

Pense em seus valores e em seu propósito! Registre suas reflexões.

A ROBÓTICA E SUAS POSSIBILIDADES

O termo robótica foi criado pelo escritor Isaac Asimov e se tornou popular por meio do livro *Eu, Robô*, do mesmo autor, publicado em 1950. No entanto, o robô era conhecido havia muito mais tempo. O primeiro robô era mecânico e foi lançado em 1924. Utilizava o sistema de telefonia e podia ligar e desligar equipamentos conectados a ele.

Os robôs estão presentes em nossa memória de infância, em desenhos e filmes, não é mesmo? De certo modo, temos uma memória afetiva deles. Há filmes famosos, cujos personagens principais são robôs:

Transformers, o despertar das feras

Star Wars

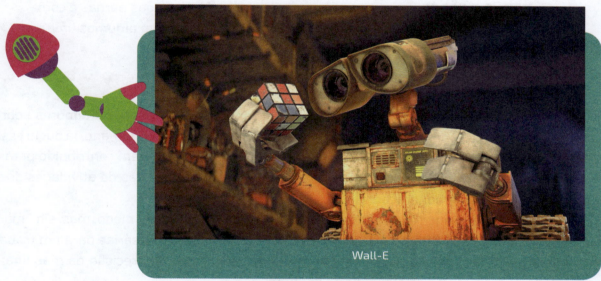
Wall-E

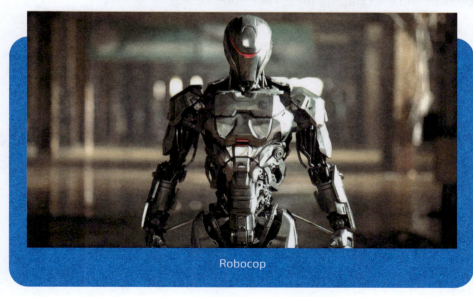
Robocop

73

SAIBA MAIS

A evolução da robótica pode ser sintetizada, até o momento, em quatro etapas:

ROBÔS INDUSTRIAIS: primeiros robôs voltados à produção de máquinas e com controle total do ser humano em sua programação e para executar funções.

ROBÔS MÓVEIS: capazes de realizar tarefas diversificadas e com movimentos em todas as direções. Para isso, outras tecnologias passaram a ser necessárias, como o sensor.

ROBÔS HUMANOIDES: criações do século XXI com inteligência muito superior, dando início à robótica cognitiva. Esses robôs ganharam aparências muito próximas às dos seres humanos.

ROBÔS BÍPEDES: considerados os robôs do futuro, têm duas pernas e combinam andar e voar para melhor locomoção, embora ainda com algumas limitações em terrenos mais difíceis.

Quando a temática robótica vai para o mundo das profissões, ainda há temores sobre como será o futuro e sobre se os robôs/as máquinas substituirão o ser humano. Já ouviu essa discussão? É fato que, com o avanço tecnológico mundial, a robótica tem contribuído para a automatização de vários processos industriais, que poupam as pessoas de atividades desgastantes e de baixa remuneração.

Portanto, com o avanço da robótica, esse futuro não deve envolver medo, mas, sim, mais qualificação e desenvolvimento de habilidades e competências necessárias para um trabalho conjunto entre robô e ser humano, unindo as possibilidades de precisão da máquina à capacidade de reflexão e à criatividade do ser humano.

Vamos desenvolver habilidades para o trabalho com a robótica fazendo uma atividade mão na massa?

 MOMENTO MÃO NA MASSA: carro elétrico

Nossa última atividade mão na massa envolve robótica! Juntos, vamos criar um carro elétrico.

Certamente, há muito futuro nas profissões ligadas à produção desses carros, e você pode dar o primeiro passo para estar envolvido nisso! Vamos lá?

Você deve saber que os carros elétricos já fazem parte da nossa realidade. Com eles, emitimos menos gás carbônico na atmosfera e, assim, protegemos o ar e o ambiente!

MATERIAIS NECESSÁRIOS

- 1 papelão de 50 cm;
- Lápis, régua, tesoura, estilete, cola quente e chave de fenda;
- 8 tampinhas de garrafa PET;
- 1 espeto de churrasco;
- 1 canudo de papel;
- 1 polia de 30 mm a 35 mm de diâmetro (se você não encontrar uma, pode fazê-la);
- 1 elástico;
- 1 motor DC de 3V a 6V;
- 1 mini-interruptor quadrado ou redondo, com 2 terminais;
- 1 bateria de 9V;
- 1 adaptador de bateria de 9V;
- 2 fios de 5 mm, sendo 20 cm na cor preta e 20 cm na cor vermelha;
- 1 fita isolante.

DICA DE OURO: cuidado com o uso de objetos cortantes, como a tesoura e o estilete, e com as fiações e a energia, OK? Se precisar, peça auxílio a um adulto para manusear esses materiais.

PASSO A PASSO

1. Vamos começar pela base do carrinho. Com uma régua, um lápis e um estilete, desenhe um retângulo de 6 cm × 12 cm no papelão e recorte-o. Se necessário, use a tesoura para aparar as bordas dele. Veja:

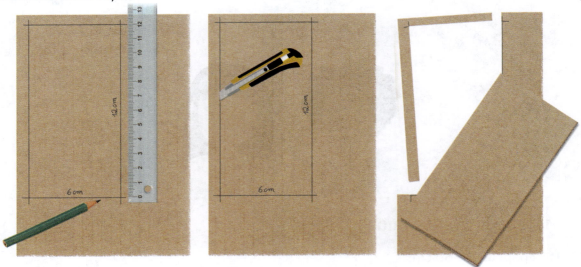

2. Agora, para medir os pedaços de canudo que utilizaremos no nosso projeto, coloque o canudo de papel alinhado ao retângulo de papelão que você recortou e marque com um lápis o trecho que tem exatamente o mesmo tamanho da lateral de 6 cm do papelão. Você deve recortar dois pedaços de canudo exatamente desse tamanho. Assim:

3. Com a cola quente, sem achatar o canudo, prenda esses dois pedaços próximos às bordas do retângulo de papelão; eles ajudarão na construção dos eixos das rodas do nosso carrinho. Além de pôr cola no contato entre o canudo e o papelão, coloque também em zigue-zague, de um lado ao outro do canudo, para garantir que ele fique preso. Assim:

POR BAIXO

POR CIMA

4. Agora, vamos recortar o espeto de churrasco que prenderá as rodas do nosso carrinho.

a) Primeiro, passe o espeto pelo interior do canudo. Para definirmos o ponto do corte das sobras desse espeto, vamos juntar duas tampinhas – isso significa que, para fora do canudo, dos dois lados do papelão, sobrará, em centímetros, o equivalente a duas vezes a altura da tampinha de garrafa PET que você for utilizar. Esse será o tamanho do espeto que ficará para fora dos dois lados do canudo, quando passarmos um pelo outro.

DICA DE OURO: há tampinhas de várias alturas, em torno de 4 cm, por isso essa medição será feita com o material que você reunir.

b) Faça esse corte nos dois lados do canudo, de modo que o pedaço de palito para fora dele seja o mesmo dos dois lados. Com o outro canudo, repita o processo com o que sobrar do palito, e você terá dois pedaços com o mesmo tamanho, os quais passarão pelo interior do canudo e receberão as rodas. Veja o exemplo:

DICA DE OURO: se tiver dificuldade de conseguir o tamanho certo com apenas um espeto, use mais um. Porém, o ideal é utilizar o menor número de materiais possível, reaproveitando tudo!

5. Agora, vamos fazer as rodinhas do carrinho.

a) Use uma chave de fenda para furar o centro de cada uma das oito tampinhas de garrafa PET. Com uma régua, meça o centro das tampinhas e faça um pequeno furo nelas, não muito largo, para depois passar o espeto por eles, até que fiquem no diâmetro correto do espeto de churrasco (de modo que a tampinha não fique tão folgada ao ser presa nesse espeto).

b) Depois, de duas em duas, junte as tampinhas (com a parte aberta para dentro) e coloque-as em três das pontas dos espetos. A quarta será um pouco diferente, então aguarde a próxima etapa para colocar as tampinhas nela. Cole os pares de tampinhas com a fita isolante preta. Veja:

c) Antes de colocar as tampinhas faltantes, vamos adicionar uma polia ao último trecho de palito, de modo que o carrinho possa se movimentar eletricamente. Para isso, primeiro envolva o palito próximo à saída do canudo, para evitar o contato da polia com o canudo. Em seguida, encaixe a polia no palito e, só depois, as tampinhas coladas com a fita isolante. Use a cola quente para colar a parte da polia que terá contato com a rodinha. Assim:

DICA DE OURO: caso você não encontre uma polia, que tal fazermos uma? Com mais um pedaço de papelão, você consegue fazer uma polia reforçada que se adéque ao seu projeto. Para isso, vamos precisar de:

- cinco circunferências de papelão, sendo duas de 30 mm a 35 mm e três de 20 mm;
- régua, compasso e cola.

Pegue uma régua e um compasso para medir os raios das circunferências. Serão cinco, de dois tamanhos diferentes – duas de 30 mm a 35 mm e três de 20 mm.

Para as circunferências de 30 mm a 35 mm, vamos medir a abertura do compasso em 15 mm a 17 mm, colocando-o ao lado da régua. Assim, ao girarmos o compasso no papelão para desenhar a circunferência, ela alcançará o tamanho apropriado. Abra, então, o compasso no raio desejado, leve-o aberto até o papelão e faça duas circunferências de 30 mm a 35mm. Aproveite e use a ponta do compasso para furar o centro da circunferência, ao marcá-lo, pois vamos utilizar esse furo depois. Veja:

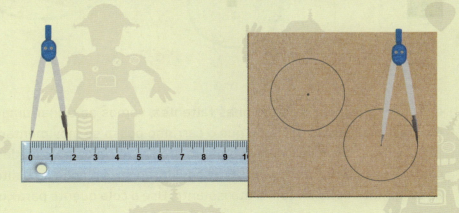

Para cortar as três circunferências de 20 mm, vamos fazer o mesmo procedimento; a diferença é que a abertura do compasso deverá ter 10 mm. Lembre-se de usar a ponta do compasso para furar o centro da circunferência, ao marcá-lo, pois vamos utilizar esse furo depois. Veja:

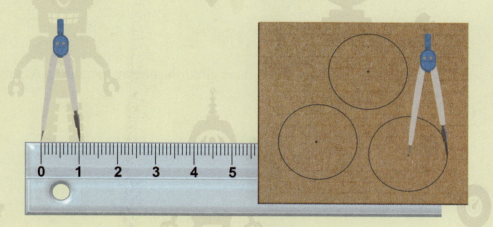

Após desenhadas as circunferências, corte-as do pedaço de papelão, com um estilete, para começarmos a montar a polia.

Agora, pegue as circunferências e fure o centro delas com a mesma chave de fenda utilizada para furar as tampinhas; assim, garantimos que o tamanho do furo será o mesmo para passarmos pelo espetinho. Para facilitar, depois de fazer os furos, passe o espetinho por dentro deles e deixe-os exatamente do mesmo tamanho. Assim:

Passe, agora, o espetinho por dentro da primeira circunferência maior e da primeira circunferência menor e cole-as, utilizando a cola. Atenção: cuidado para não passar cola próximo ao furo, ou você não conseguirá retirar essa polia do espetinho para montar o restante do sistema! Veja:

Repita o procedimento com as outras duas circunferências pequenas. Assim:

Para finalizarmos, passe o espetinho pela última circunferência, a outra de 30 mm a 35 mm, e cole-a às menores. Assim:

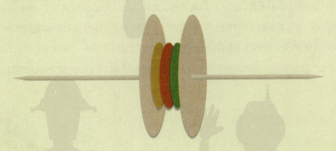

Retire o espetinho desse conjunto, e sua polia estará pronta! Vamos dar seguimento ao nosso projeto!

d) Agora, use a cola quente para prender as pontas do espetinho no ponto em que ela chega ao furo das rodinhas, para deixá-las presas ao espetinho.

Com a base do carrinho pronta, vamos montar todo o sistema que permitirá a movimentação dele!

6. Vamos colocar o motor de drive de DVD no nosso carrinho. Pegue dois fios para fazer as ligações necessárias.

a) Identifique os dois terminais do motor, o positivo (+) e o negativo (−).

b) Descasque as extremidades dos fios que você vai usar para conectar o motor. Se precisar, peça ajuda a um adulto.

c) Prenda o fio descascado ao terminal positivo (+) do motor. Você pode fazer isso enrolando o fio ao redor do terminal.

d) Repita o processo com o outro fio descascado, conectando-o ao terminal negativo (−) do motor.

e) Certifique-se de que as conexões estejam bem seguras, isoladas e presas, utilizando fita isolante para proteger as conexões e evitar curtos-circuitos. Para isso, envolva a fita isolante exatamente na ligação entre o fio e o terminal.

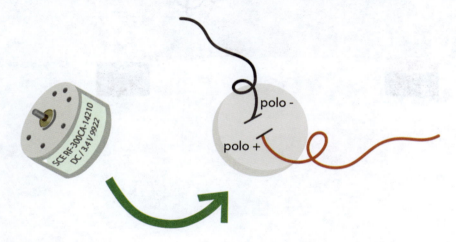

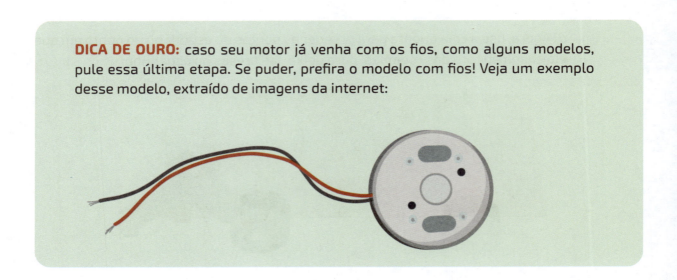

DICA DE OURO: caso seu motor já venha com os fios, como alguns modelos, pule essa última etapa. Se puder, prefira o modelo com fios! Veja um exemplo desse modelo, extraído de imagens da internet:

7. Agora, use a liga, uma espécie de elástico, para alinhar o eixo mais longo do motor à polia que você prendeu no espeto. Isso permitirá que o motor, ao girar esse eixo, gire também a polia e, assim, a rodinha. Veja:

8. Agora, verifique o exato espaço no papelão em que o motor deve ficar, para que o eixo esteja alinhado à polia, e marque-o com um lápis. Aplique cola quente nesse espaço para prender o motor e, depois, como fez com os canudos, faça um zigue-zague de um lado a outro do papelão, passando pelo motor, para prendê-lo ainda melhor à base do carrinho. Veja:

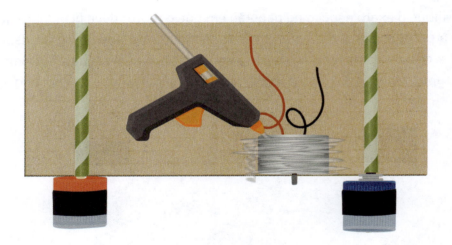

9. Pegue a bateria e o interruptor para prender os fios que serão utilizados.

a) Na bateria, encaixe o adaptador com os fios nos dois terminais redondos. É um encaixe simples. No interruptor, pegue mais dois fios, um vermelho e um preto, e encaixe nos terminais positivo e negativo, respectivamente, isolando com a fita, como você fez no motor. Veja:

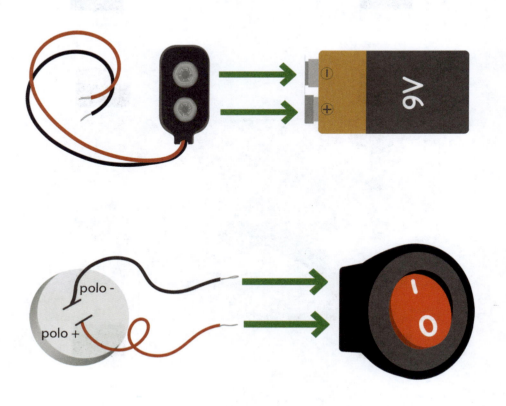

10. Marque com o lápis, na base do carrinho, os locais em que você colará a bateria e o interruptor, os quais darão movimento ao carrinho. Depois, aplique cola quente nesses espaços e cole bem os dois materiais neles. Se necessário, faça os mesmos movimentos de zigue-zague com a cola para prendê-los mais. Veja:

11. Agora, chegou o momento de fazermos as ligações e de usarmos a fita isolante para prender os fios entre si, isolando-os e fechando o circuito.

   a) Primeiro, prenda o fio positivo, vermelho ou laranja, do motor (1) ao fio negativo, preto, da bateria (2).

   b) Depois, prenda o fio negativo, preto, do motor (3) ao fio positivo, vermelho, do interruptor (4).

   c) Por fim, prenda o fio positivo, vermelho, da bateria (5) ao fio negativo, preto, do interruptor (6).

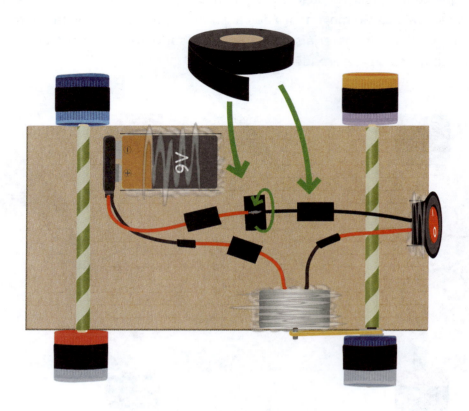

DICA DE OURO: para facilitar as conexões, enrosque os fios que serão ligados entre si e, aos poucos, vá organizando aqueles já presos entre os materiais na base de papelão – uma vez que você NÃO vai colá-los com cola quente. Se necessário, use uma tesoura ou um estilete para descascar as pontas dos fios e favorecer as conexões. Não se esqueça de usar bastante fita isolante para isolar as ligações e prender os fios!

DESAFIE-SE!

Seu carrinho está pronto! Você pode, nesse processo, personalizá-lo como preferir: pintando-o, usando papelão de cores diferentes e até colorindo as rodinhas!

Se desejar, pode até usar a cola quente e juntar outros cinco pedaços de papelão, medindo-os de acordo com as necessidades de cada lado e recortando os espaços referentes às rodas e ao interruptor, com diâmetros um pouco maiores que esses elementos, e desenvolver uma cobertura para o seu carrinho. Que tal? Veja como essas peças personalizadas ficariam:

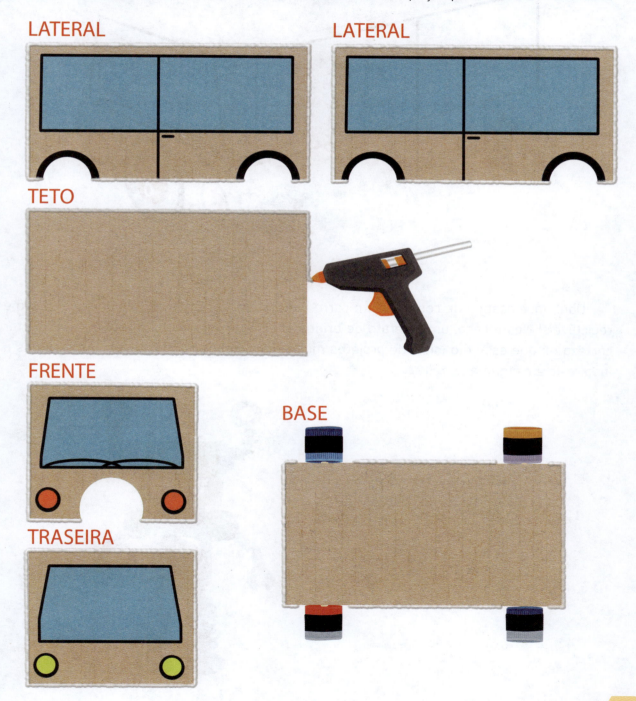

Veja como ficará seu carrinho, no fim. Bom trabalho!

Uau! Você acabou de construir um carro elétrico utilizando materiais de baixo custo e recicláveis! Neste caso, um artefato de brinquedo com os conceitos da robótica. Pode ter certeza de que esse é o início de projetos muito mais complexos, criativos e inovadores a inspirá-lo em alguma carreira.

CHEGAMOS AO FIM DESTA OBRA! MAS AINDA HÁ MAIS UM QUIZ PARA RESPONDER E UMA DICA PARA O PROJETO DE VIDA, COMBINADO?

Podemos afirmar que o carro elétrico contribui com a mobilidade sustentável (equilíbrio entre necessidade de deslocamento das pessoas e mercadorias e preservação ambiental) e a qualidade de vida?

DICA PARA A CONSTRUÇÃO DO PROJETO DE VIDA

Chegamos ao fim de nossa aventura nesta obra, mas sua caminhada continua! Todas as vivências que proporcionamos a você têm o objetivo de contribuir para o seu autoconhecimento, o seu desenvolvimento e a construção do seu projeto de vida.

Seja protagonista da sua história: experimente, conheça, explore, planeje, tenha estratégias para alcançar suas metas.

Aprenda a olhar para o lugar de onde você vem com afetividade e pertencimento, pois isso o torna um ser único.

O projeto de vida não tem ponto-final; deve ser sempre alimentado para realizar novos projetos e chegar a novas conquistas!

E que a robótica e a programação continuem possibilitando a você criatividade, prazer e experiências únicas, para ajudá-lo em suas escolhas.

Resposta: Sim.

FIM DA NOSSA MISSÃO

Parabéns! Chegamos ao fim do nosso percurso formativo de aprendizagem, e, por meio da cultura maker, da robótica e da programação, você pôde realizar várias atividades que contribuíram para o seu autoconhecimento, o seu desenvolvimento e a construção do seu projeto de vida.

DESAFIE-SE!

Agora, que tal revisitar os conhecimentos e as aprendizagens adquiridos e, após tantas vivências e experimentações, criar o próprio projeto com base em seu projeto de vida? Reúna os amigos e mão na massa!

REFERÊNCIAS

Aprenda a piscar um LED com Arduino. **MakerHero**, 16 mar. 2022. Disponível em: https://www.makerhero.com/blog/aprenda-a-piscar-um-led-com-arduino/. Acesso em: 18 set. 2023.

Aprendendo ciência e tecnologia. **Revista Mecatrônica Jovem**, out./nov. 2021. Disponível em: https://www.newtoncbraga.com.br/index.php/282-news/revista-mecatronica-jovem/18744-revista-mecatronica-jovem-edicao-2-veiculos-eletricos.html. Acesso em: 18 set. 2023.

Aprendendo ciência e tecnologia. 4. ed. **Revista Mecatrônica Jovem**, 2022. Disponível em: https://www.newtoncbraga.com.br/index.php/revista-incb-eletronica/282-news/revista-mecatronica-jovem/19392-revista-mecatronica-jovem-edicao-4.html. Acesso em: 18 set. 2023.

Aprendendo ciência e tecnologia. 6. ed. **Revista Mecatrônica Jovem**, 2022. Disponível em: https://www.newtoncbraga.com.br/index.php/revista-incb-eletronica/282-news/revista-mecatronica-jovem/19644-revista-mecatronica-jovem-edicao-6.html. Acesso em: 18 set. 2023.

Aprendendo ciência e tecnologia. 8. ed. **Revista Mecatrônica Jovem**, 2022. Disponível em: https://www.newtoncbraga.com.br/index.php/282-news/revista-mecatronica-jovem/19903-revista-mecatronica-jovem-edicao-8.html. Acesso em: 18 set. 2023.

Cidades inteligentes: o que são e suas vantagens. PUCRS Online, 2 mar. 2021. Disponível em: https://online.pucrs.br/blog/public/cidades-inteligentes-conceito-e-vantagens. Acesso em: 18 set. 2023.

Faça um controle de irrigação inteligente com Arduino, 2019. **Brincando com Ideias**. Disponível em: https://youtu.be/BDwgDO3MgDs. Acesso em: 18 set. 2023.

Ligar e desligar LED com botão (Push Button – Chave Táctil) com Arduino. **Blog da Roboótica**, 28 set. 2020. Disponível em: https://www.blogdarobotica.com/2020/09/28/ligar-e-desligar-led-com-botao-push-button-chave-tactil-com-arduino/. Acesso em: 18 set. 2023.

Professora ensina robótica a partir de sucata. **Porvir**, 30 mar. 2016. Disponível em: https://porvir.org/professora-ensina-como-fazer-robotica-partir-de-sucata/. Acesso em: 18 set. 2023.

Projeto Arduino de irrigação automática – sua planta sempre bem cuidada. **Usinainfo**, 17 set. 2019. Disponível em: https://www.usinainfo.com.br/blog/projeto-arduino-de-irrigacao-automatica-sua-planta-sempre-bem-cuidada/. Acesso em: 18 set. 2023.

Projetos de vida. **Iungo**. Disponível em: https://iungo.org.br/series/projeto-de-vida/. Acesso em: 18 set. 2023.

Robótica com sucata: da sala de aula à política pública. **Porvir**, 7 abr. 2022. Disponível em: https://porvir.org/robotica-com-sucata-da-sala-de-aula-a-politica-publica/. Acesso em: 18 set. 2023.

Técnica Pomodoro: saiba como gerenciar seu tempo e ser mais produtivo. **Na Prática.org**, 14 jun. 2023. Disponível em: https://www.napratica.org.br/pomodoro/. Acesso em: 18 set. 2023.

DÉBORA GAROFALO

Sou formada em letras e pedagogia, mestra em linguística aplicada, professora da rede pública de ensino de São Paulo e autora. Desde pequena sempre gostei de dar novos significados às coisas que seriam descartadas e compreender como elas funcionavam por dentro. Assim, uni minhas paixões: lecionar, leitura, tecnologia e inovação, aliadas a ações sustentáveis em prol do nosso meio ambiente.

Como professora, conheci muitas histórias e pude, com elas, idealizar o trabalho de robótica com sucata, que sustenta as obras, além de ser uma política pública brasileira e uma metodologia de ensino, eternizada nesta coleção de diferentes formas.

Ao longo da minha carreira, recebi importantes prêmios nacionais e internacionais e no ano de 2019 fui a primeira mulher brasileira e a primeira sul-americana a chegar à final do Global Teacher Prize e ser laureada como uma das dez melhores professoras do mundo. As experiências desta coleção foram testadas em sala de aula, para que você possa ser um(a) fazedor(a) e um(a) ativista ambiental.